エインジェル・久保 著

絵でわかる前置詞の使い方

新装版

間違えやすい前置詞
よく使われる前置詞
絵で覚えると
カンタン！

乗り物によってちがう in と on の使い方

in the car

on the ship

一定のルートを走る乗り物には on，
ルートを個人が変えることのできる
乗り物には in

on the bus

前書き

　前置詞の勉強は日本人には難しいものです。日本語を英語に訳す場合、日本語の意味にとらわれて間違った前置詞を使いがちです。そんな難しい前置詞でも、絵で人や物の動作や状態を見ながら勉強すれば簡単に理解できます。

　STEP1 では、日本人が間違えやすい前置詞を取り上げてあります。前後の絵を見比べることによって、容易に前置詞の違いを学べるようにしました。STEP2 の解説に目を通しながらこの章を進めて行くことによって、より理解しやすくなります。
　STEP2 では、よく使われる前置詞をアルファベット順に説明してあります。絵を見ながら各々の前置詞の使い方を学びます。ここでは、似ている前置詞の違いを解説することで、その使い方の違いを理解しやすくしました。前置詞の細部の意味までつかむことができるように、同意語と反意語も載せてありますので参考にしてください。

●同意語と反意語
　ひとつの前置詞にはたくさんの意味が含まれており、使い方によって意味が違ってきます。ここに同意語や反意語として載せてある語句は、前置詞の持つたくさんの意味の中のひとつについて同じ意味を含む語句や、反対の意味を含む語句です。前置詞の総合的な意味での同意語や反意語ではないことに注意してください。

[新装版] 絵でわかる前置詞の使い方●目　次●

STEP1　日本人が間違いやすい前置詞

1. いす(1)　10
2. いす(2)　12
3. 鏡　14
4. 蜘蛛　16
5. クラス(1)　18
6. クラス(2)　20
7. 学業成績　22
8. 乗り物による違い　24
9. 車の周り　26
10. スピードと駐車　28
11. 乗り物の乗り降り　30
12. エレベーターとエスカレーター　32
13. 車に対する人の位置　34
14. 人の住む環境　36
15. 人の住む場所　38
16. 電話について　40
17. 殴られる場所による違い　42
18. 意識してボールを投げる　44
19. 本の上　46

20. 紙の上　48
21. 水の中　50
22. 水と戯れる　52
23. ボートと水　54
24. 同じ場所で使う in と at の違い　56
25. 家の周り(1)　58
26. 家の周り(2)　60
27. 家の周り(3)　62
28. 犬の行動　64
29. カウンター　66
30. 階段　68
31. カエルとびん　70
32. 木(1)　72
33. 木(2)　74
34. 結婚　76
35. コーナー　78
36. ゴルフボールとホールの関係　80
37. 坂の登り降り　82
38. 時間　84
39. 線　86
40. 飛行機と雲　88
41. 空　90
42. 太陽　92
43. ドア(1)　94
44. ドア(2)　96
45. 他人との位置関係　98
46. 人とのふれあい　100

47. 人の感情　102
48. ねずみの行動(1)　104
49. ねずみの行動(2)　106
50. ねずみの行動(3)　108
51. ねずみの行動(4)　110
52. 服の値段　112
53. 花　114
54. 橋　116
55. 走る　118
56. フェンス　120
57. ベッド(1)　122
58. ベッド(2)　124
59. ボトル　126
60. 窓(1)　128
61. 窓(2)　130
62. 山　132
63. 冷蔵庫　134
64. どのようにして　136
65. 何で　138
66. "on" したものは "off" する　140

STEP2　よく使われる前置詞の意味

67. about　144
68. above　146
69. across　148
70. after　150

71. against   152
72. along   154
73. among   156
74. around   158
75. at   160
76. away from   162
77. behind   164
78. below   166
79. beside   168
80. between   170
81. by   172
82. down   174
83. during   176
84. for   178
85. from   180
86. in   182
87. inside   184
88. into   186
89. near   188
90. off   190
91. on   192
92. opposite   194
93. out of   196
94. outside   198
95. over   200
96. past   202
97. through   204

- **98.** to 206
- **99.** toward 208
- **100.** under 210
- **101.** underneath 212
- **102.** up 214
- **103.** with 216
- **104.** without 218

索 引

カバーデザイン　アスカデザイン室（末吉喜美）
本文イラスト　Francesca Pastine

STEP ①

日本人が間違いやすい前置詞

1　いす(1)

1. in	2. on
3. on	4. on

5. on

6. in

●絵1のようなひじ掛けのついたいすでも、絵6のように背もたれだけでひじ掛けのついていないいすの場合でも、両方ともに **in** を使います。

●座っている人の周りが一部分でもいすによって囲まれていれば、いすの中にいるという感覚で **in** を使います。

絵5 stool（腰かけ）の場合は囲いがないので **on** を使います。

絵2では猫は armchair の上にいますが、背もたれの上におり、周りを囲まれていないので <u>**on**</u> the chair となります。

絵3と**絵4**では、本と虫がいす（armchair）の上にいますが、この場合は猫の場合とは扱いが違ってきます。

●猫や犬のような動物は人間と同じように <u>**in**</u> the chair となりますが、それ以外の小さな虫や物などは <u>**on**</u> the chair とします。

2 いす(2)

1. on

2. on

3. on

4. on

5. in

6. on

●**絵1** ビーチ用のいすには、背もたれがあっても周りを囲まれるように垂直になっていないので **on** the chaise longue と言います。

絵2 ソファーの場合は、背もたれもひじ掛けもあり **in** を使いたくなりますが、広いため囲まれている感じがしませんので上に乗っている感覚で **on** を使います。

絵3 ソファーには寝ても、立っても、座っても **on** を使います。

絵5 のようにいすに座れば周りを囲まれているわけですから **in** the chair となりますが、絵4のようにいすの上に立ったり、**絵6** のようにアームの部分に座ったのでは、いすによって周りを囲まれているとはいえないので、いすの上にいるという感覚で **on** を使います。

●いすに座る場合、英語で chair と名の付いているいす(chair, armchair, easy chair, swivel chair, rocking chair, folding chair)には **in** を使います。それ以外の名が付いているいす(stool, chaise longue, sofa, couch, lounge)には **on** を使うと覚えましょう。

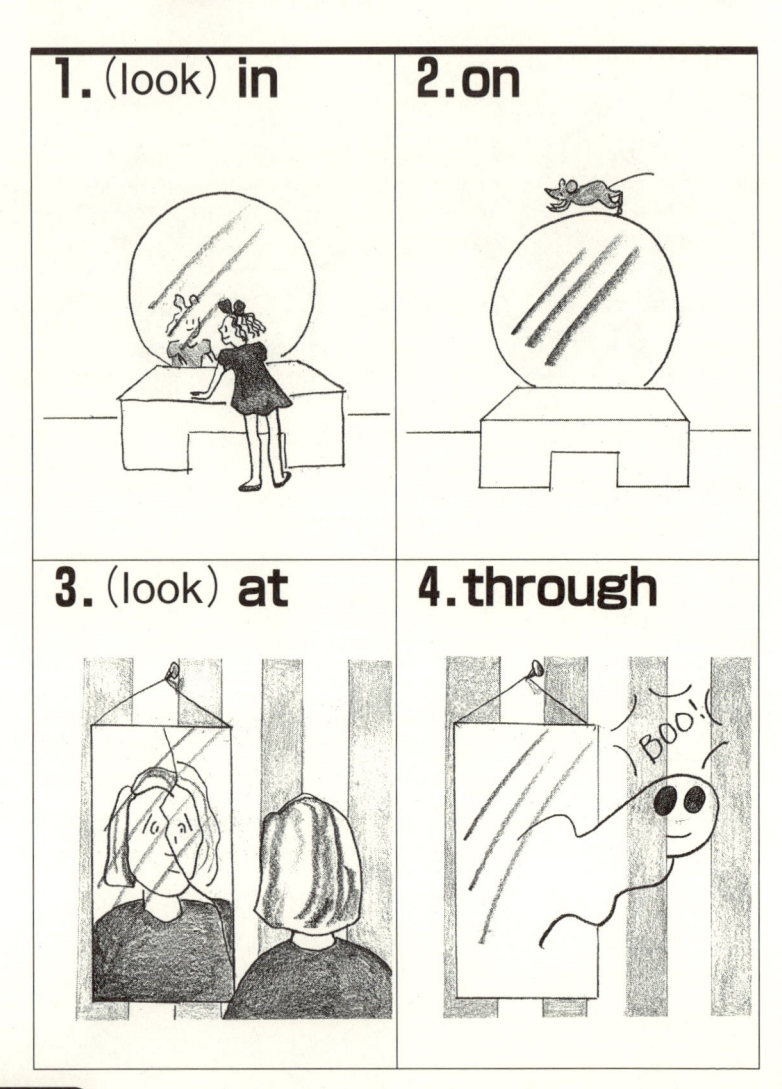

3 鏡

1. (look) in	2. on
3. (look) at	4. through

5. against

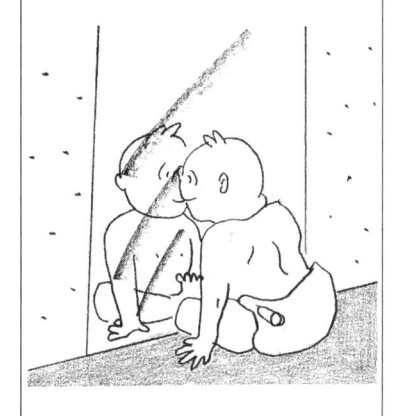

6. behind

●**絵1** 鏡に映っているものを見る場合には **in** を使い <u>in</u> the mirror となります。

●鏡に映っているものに関しては、立体的なので鏡の中に入っているという感覚で **in** を使います。

絵2 鏡に映っているものに **on** を間違って使いやすいのですが、**on** はものが実際に鏡の上に乗っている場合に使います。絵のようにねずみが上に乗っていたり、埃がついている場合も **on** です。

絵3 鏡そのものを見る場合には **at** を使います。このように鏡が割れていて、その割れめを見ているような場合には <u>at</u> the mirror となります。

絵4 お化けが鏡から抜け出してくる場合は **through** the mirror です。おばけが鏡を通ってこちら側に出てくると考えます。

絵5 顔を鏡に押しつけるのは **against** the mirror と言います。

絵6 鏡の後ろに金庫があるので **behind the** mirror となります。

4 蜘蛛

1. on (the ceiling)

2. under (the ceiling)

3. over (your head)

4. above (your head)

5. under

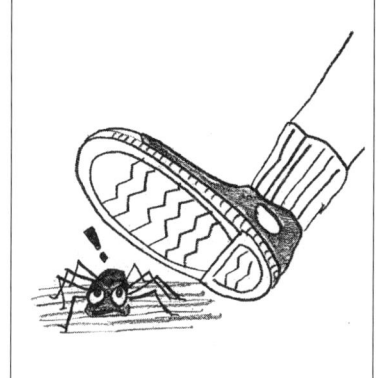

6. underneath

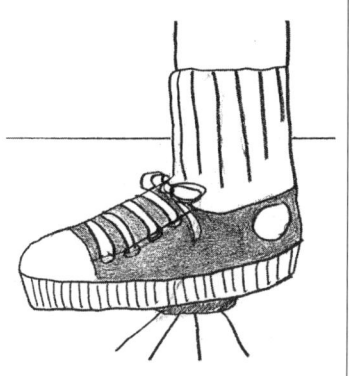

●**絵 1** と**絵 2** を比べて見てください。

絵 1 蜘蛛が天井にくっついている時には **on** the ceiling となります。日本語の感覚では、蜘蛛は天井の下にいるから **under** を使いたくなるのですが、ここでは **under** は使えません。

絵 2 蜘蛛は糸で天井からぶら下がっています。この場合には **under** を使い **under** the celing となります。

絵 3 蜘蛛が頭から離れて真上にいる時には **over** the head となります。

絵 4 このように蜘蛛が頭からずいぶんと離れて遠く上方にいる場合には **above** を使います。

絵 5 **under** は「下に」という意味で一般に使われますので、ここでは **under** the foot となります。

絵 6 この場合は **under** を使うこともできますが、蜘蛛がつぶされて足の下に隠れている状態ですから **underneath** の方がぴったりときます。

5 クラス(1)

1. in the front of 
2. in front of 
3. in back of 
4. behind

5. behind　　6. (head) of

●絵1と絵2を比べてみてください。

絵1では、生徒がクラスの前の席に座っています。この場合は the をつけて **in the front of** the class となります。「クラスの前に座る」と言いたい時に the を抜かすといすに座ると言う意味がなくなり教室の前の床、絵2の先生の立っている場所あたりに腰を下ろすことを意味します。

絵2では、先生がクラスの前で説明をしています。この場合は **in** の後に **the** をつけないで in front of the class とします。

絵3 クラスの後ろの席に座る場合。絵1の反対の意味になるのですが、the は付けません。**in back of** the class となります。

絵4 クラスの後ろに生徒が立たされています。この場合は、back を使わずに **behind** the class となります。

絵5 behind は学校の成績にも使います。授業についていけない場合は **behind** the class と言い、絵4と同じ言い方をします。

絵6 反対に、成績がトップの場合には head **of** the class と言います。

6 クラス(2)

1. (point) **to**

2. (point) **at**

3. (answer) **at** (roll call)

4. (a question) **for** (the teacher)

5. in (my way)　　6. on (my way)

●絵1と絵2を比べて見てください。

絵1 先生が教室で「生徒を当てる」時には point **to** a student となりますが、絵2のように人または物を指さす場合には **at** を使い point **at** a person となります。

絵3 先生の点呼に答える時には **to** または **at** を使います。
respond **to** roll call または answer **at** roll call となります。

絵4 誰かに質問をする時には **for** を使います。

絵5と**絵6**を比べてみてください。**in** my way と **on** my way では、**in** と **on** の違いだけですが意味がまったく違ってきます。**in** my way は人が自分の目の前でじゃまになって前方が見えない時に使います。**on** my way は行く途中という意味です。

絵5は He is **in** her way.
絵6は He is **on** his way to school.

7 学業成績

1. opposite

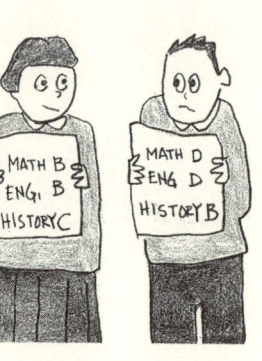

MATH B
ENG. B
HISTORY C

MATH D
ENG. D
HISTORY B

2. (the same) as

MATH B
ENG. B
HISTORY B

MATH B
ENG. B
HISTORY B

3. without (a D)

MATH B
ENG. C
HISTORY A

4. about (average)

MATH C
ENG B-
HISTORY B-

5. above (average)   6. below (average)

アメリカの成績表は五段階で、A, B, C, D, F となっており、A は日本の5に当たります。E は使わずに、F が落第点です。

●絵1 彼女はいい成績で、彼は悪い成績を取っています。二人がまったく反対の成績を取っているので、彼は grades **opposite** hers となります。

絵2 彼は彼女と同じ成績を取っているので、grades the same **as** hers となります。

絵3 A と B と C は取っていますが D はひとつもありませんので grades **without** a D となります。

絵4 B と C を取っているので平均点と言えるでしょう。はっきりと決まった平均点ではありませんので **about** を使います。

絵5 A ばかりを取っているのでこれは完全に平均点より上と言えます。**above** を使います。

絵6 D ばかりで落第点ではないものの平均点よりは完全に下ですので **below** を使います。

8　乗り物による違い

1. in (the car)

2. on (the bus)

3. on (the train)

EXPRESS

4. in (the truck)

ACME TRUCKING COMPANY

5. on (the ship) 6. in (the taxi)

●絵1 乗用車に乗っている場合は、それがたとえオープンカーで屋根がついていなくても **in** the car となります。

絵2 バスの場合は **on** the bus となります。（英国では in）

絵3 汽車や電車の場合は **on** the train となります。

絵4 トラックの場合は前に乗っている場合は **in** the truck となります。絵のように後ろの荷台に幌が張ってあったり、回りに囲いのあるトラックの場合は、後ろに乗る場合でも **in** を使います。しかし、コンテナを運ぶようなトラックには囲いがありません。そこには人が乗っても荷物を乗せる場合でも **on** を使い **on** the truck となります。

絵5 船の場合は、どんな形の船でも **on** を使います。

絵6 タクシーの場合は乗用車と同じように **in** を使います。

●一定のルートを走る乗り物には **on**、ルートを個人が変えることのできる乗り物には **in** と覚えましょう。

●モーターサイクルや自転車、小型のボートは一定のルートを持ちませんが、これらは人間の回りを取り囲むもののない乗り物ですから上に乗る感覚で **on** を使います。

9　車の周り

1. under

2. inside

3. in

4. on

5. between

6. behind

●絵1 車の下に入っている場合は **under** the car となります。

絵2 車のなかに入っている場合は **inside** the car または **in** the car となります。このように車の外にいるのか、車の中にいるのかを比べる時には **outside** の反対の意味として **inside** を使います。

絵3 オープンカーの場合は **on** を使いたくなりますが、これも車の中に乗っているという意味ですから **in** を使います。

絵4 **on** はこの猫のように車自体の上に乗っている場合にのみ使い、なかに乗っている場合には **in** だと覚えておきましょう。

絵5 モーターサイクルが車にはさまれていますので **between** the cars です。車三台以上にはさまれている場合には **among** the cars となります。

絵6 空缶が車の後ろについている場合は **behind** the car となります。

10　スピードと駐車

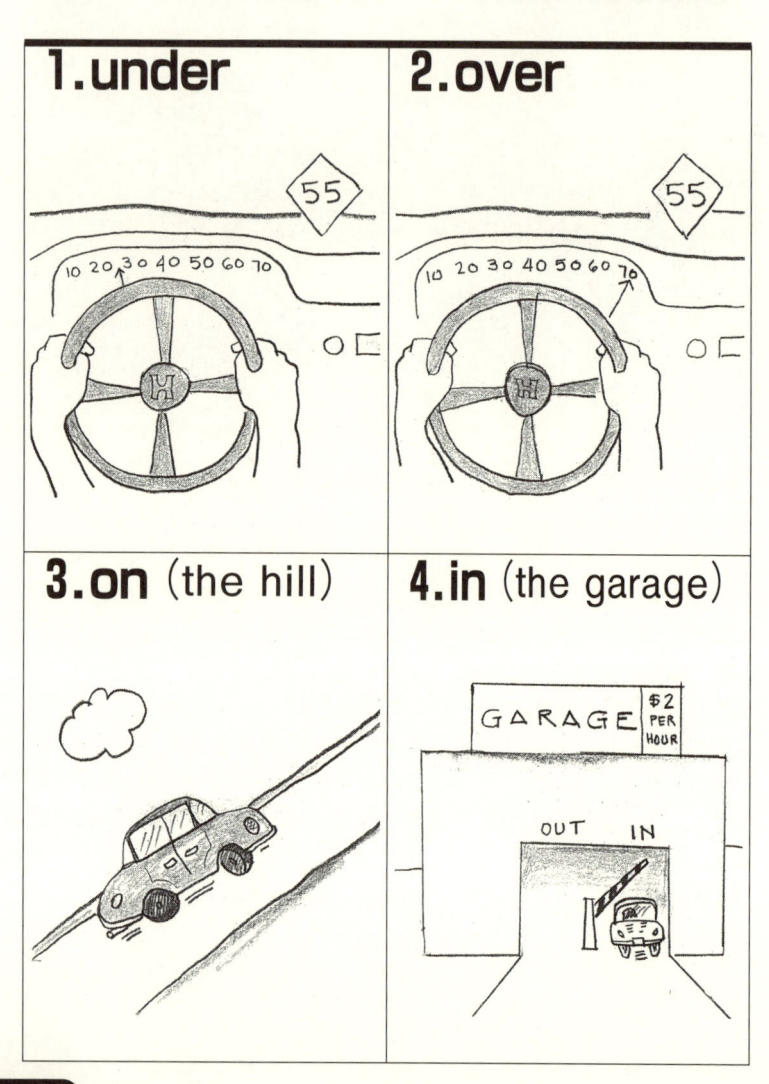

1. under

2. over

3. on (the hill)

4. in (the garage)

GARAGE　$2 PER HOUR

OUT　IN

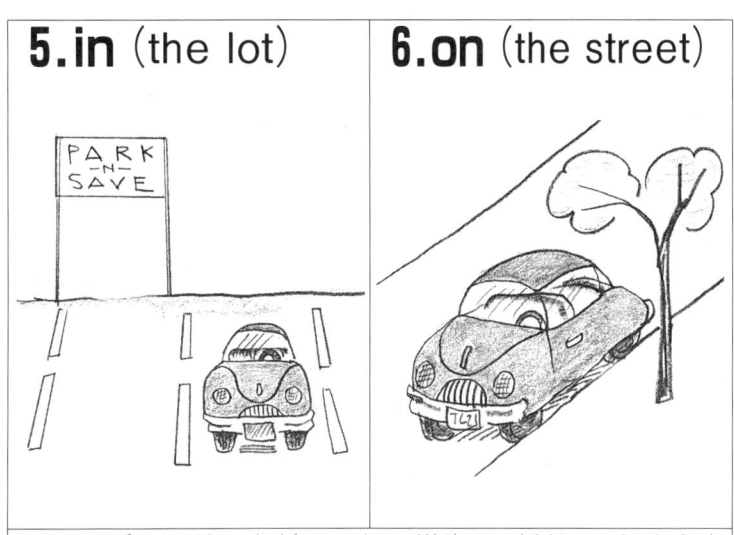

5. in (the lot)   6. on (the street)

●絵1 スピードリミットが55マイルの道路で、車は25マイルしか出して走っていませんから、スピードリミット以下と言う意味で **under** the speed limit となります。

絵2 車は70マイル出していますから、スピードリミット以上と言う意味で **over** the speed limit となります。

絵3 坂に駐車する時は、道路に駐車する場合と同様に **on** を使います。

絵4 と 絵5 を見比べてください。建物の中に車を入れる駐車場（garage）の場合でも、建物のない駐車場（parking lot）の場合でも **in** を使います。駐車場という囲いの中にいるとみなして **in** を使うのです。

絵6 道路に駐車する場合は **on** を使います。

●駐車場の中で坂になっているところに駐車する場合は park <u>on</u> the hill <u>in</u> the lot となります。

11　乗り物の乗り降り

1. (get) **on**

2. (get) **off**

3. (get) **in**

4. (get) **out of**

5. (get) on　　6. (get) off

●絵1のようにバスや電車に乗り込む時や、絵5のようにモーターサイクルや自転車に乗る時には **on** を使います。例：get **on** the bus.

絵2のようにバスや電車から降りる時や、絵6のようにモーターサイクルや自転車から降りる時には **off** を使います。例、get **off** the motorcycle

絵3 タクシーや乗用車に乗り込む時には **in** を使い get **in** the taxi と言います。

絵4 タクシーや乗用車から降りる時には **out of** を使い get **out of** the taxi となります。

☞ 8「乗り物による違い」の項と見比べてください。乗り込む時と乗っている状態では同じ前置詞を使っています。降りる時が違うだけです。乗り込む時と乗っている状態が **on** ならば、降りる時は **off** を使います。それ以外は、乗り込む時と乗っている状態が **in** ならば、降りる時は **out of** となります。

12 エレベーターとエスカレーター

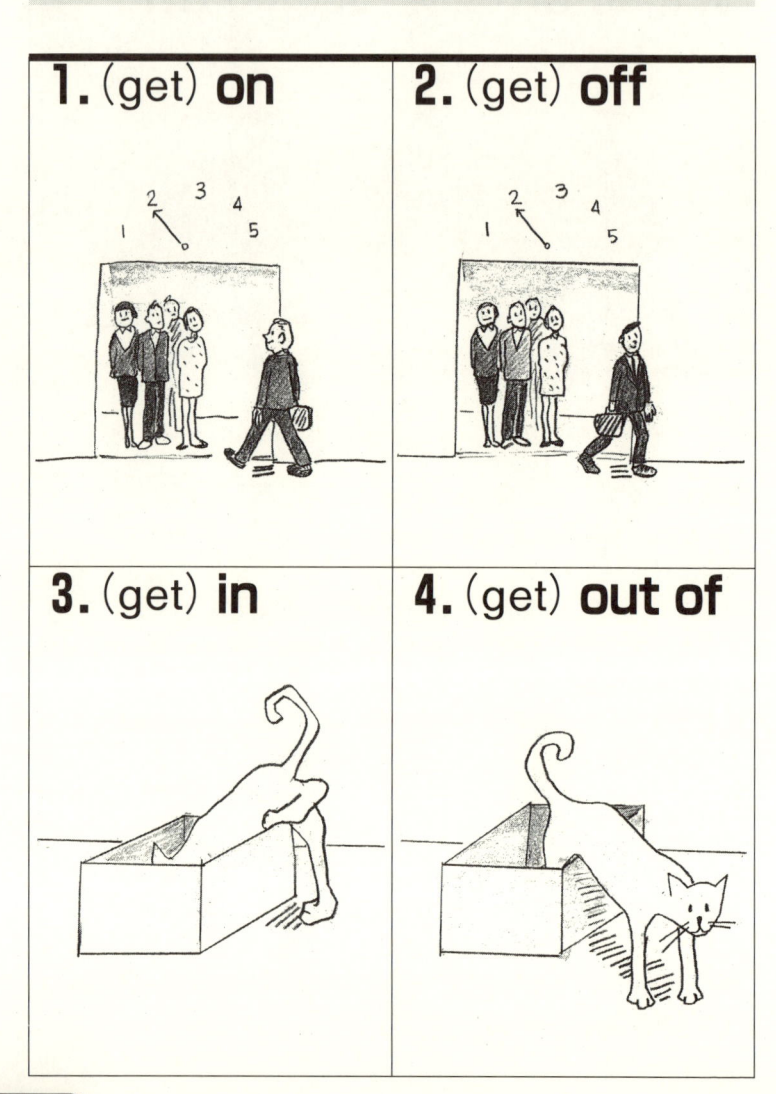

1. (get) on

2. (get) off

3. (get) in

4. (get) out of

5. (get) **on**   6. (get) **off**

●絵1と絵3を比べてみてください。エレベーターも箱の形をしているわけですが使う前置詞は違っています。

絵1 エレベーターに乗り込む場合は、バスなどと同じように **on** を使って get **on** the elevator となります。エレベーターは箱になっているので **in** を使いたいところですが **on** ですので間違えないように。

絵2 エレベーターから降りる時には、バスなどと同じように **off** を使って get **off** the elevator とします。

絵3 ところが箱に入る時は、乗用車と同じように **in** を使います。

絵4 箱から出る時も、乗用車と同じように **out of** を使います。

絵5 エスカレーターはエレベーターと同じで乗る時には **on** を使います。

絵6 降りる時にもエレベーターと同じように **off** を使います。

●エレベーターもエスカレーターもルートが定まっている乗り物ですから **on** を使うと覚えておきましょう。

☞ 8「乗り物による違い」を参照してください。

13　車に対する人の位置

1. in front of

2. in the front of

3. on the front of

4. on the back of

5. in back of　　6. in the back of

●絵1 車の外で車の前にいる場合は **in front of** the car とします。ここでは **in** の後に the は付きません。

絵2 車の中で前のシートに座っている場合は **in** の後に the を付けて **in the front of** the car となります。

絵3 車の前（ボンネットの上）にいる場合は **on** を使って **the** も付けて **on the front of** the car となります。

絵4 車の後ろ（トランクの上）にいる場合は **on** を使って the も付けて **on the back of** the car とします。

絵5 車の外で車の後ろにいる場合は **in back of** the car となります。ここでは **in** の後に the は付きません。

絵6 車の中で後ろのシートにいる場合は **in** の後に the を付けて **in the back of** the car となります。

●車の外側に触れている場合は **on** を使い、車の中にいる時と車の前後にいる時は **in** と覚えましょう。

14　人の住む環境

1. in (the mountains)

2. by (the ocean)

3. in (the city)

4. in (the woods)

5. on (the coast)　6. on (the lake)

●絵1 山に住むと言う場合には **on** としたいところですが **in** を使って live **in** the mountains となります。山(mountains)に住むという場合はいつでも山は複数形とします。

絵2 海の近くに住むと言う場合には live **by** the ocean です。

絵3 街の中に住む場合は live **in** the city となります。

絵4 森に住む場合は live **in** the woods となります。

絵5 コースト沿いに住むと言う場合には **on** を使って live **on** the coast とします。**絵2** と似ていますが前置詞が次にくる名詞で違ってくるということに注意してください。

絵6 湖のほとりに住んでいる場合は **on** を使います。 live **on** the lake と言うと何だか水の上に建っている家に住んでいるのか、ボートの中に住んでいるような気がしますが、これは絵を見てわかるとおり、湖のそばに住んでいる場合なのです。

15 人の住む場所

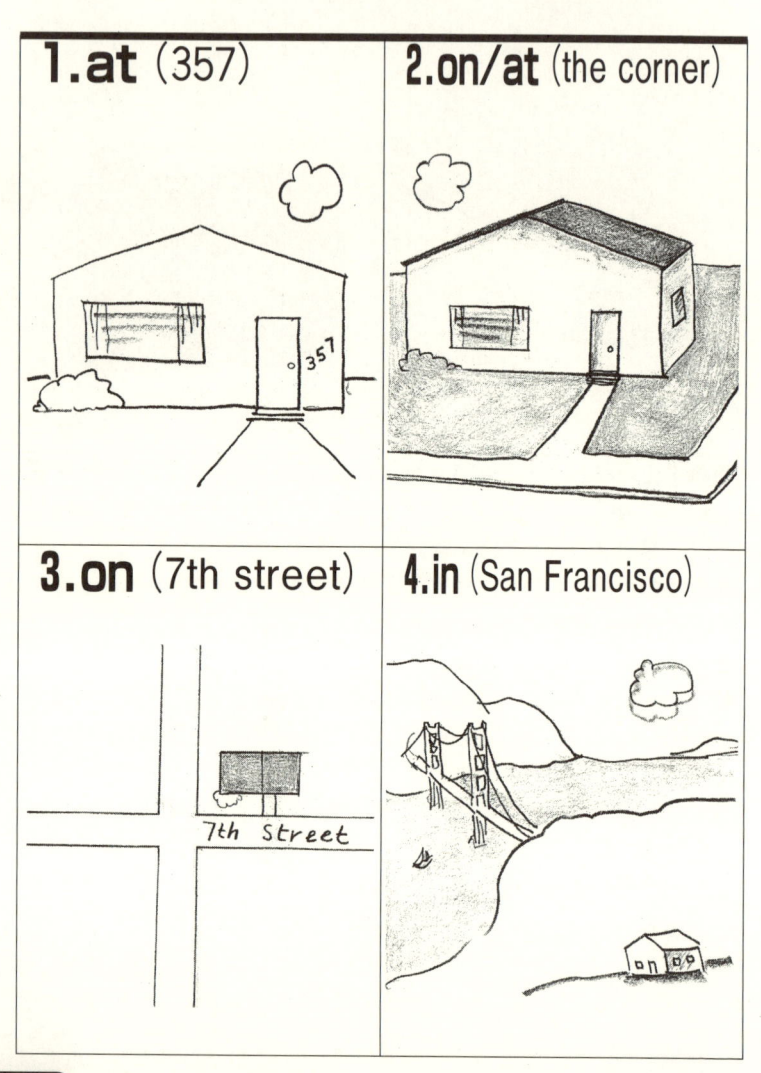

1. at (357)

2. on/at (the corner)

3. on (7th street)

4. in (San Francisco)

5. in (the U.S.A)   6. on (the earth)

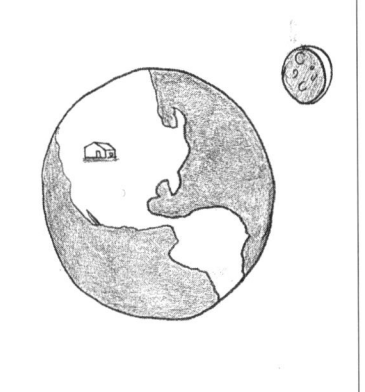

- ●絵1 番地を言う時は **at** を使います。

絵2 角に住んでいる場合は <u>**on**</u> the corner または <u>**at**</u> the corner の両方が使えます。

☞35「コーナー」の項と見比べてください。

絵3 住んでいる通りの名前を言う時には **on** を使います。

絵4 住んでいる地区を言う時には **in** を使います。

絵5 住んでいる国を言う時にも、地区を言う時と同じように **in** を使います。

絵6 住んでいる惑星の名前を言う時には **on** を使います。

- ●地域の狭い順に **at, on, in** となりますが、地球の場合は、地球を地域として見ずに「家が地球という一つのかたまりの上にくっついている」とみなして **on** を使います。

16 電話について

1. pick up

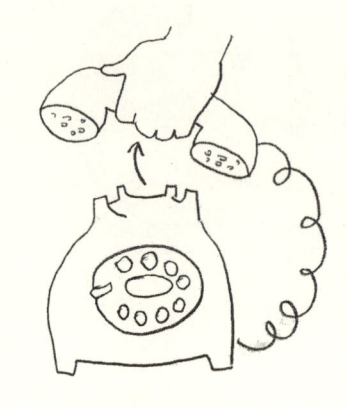

2. hang up

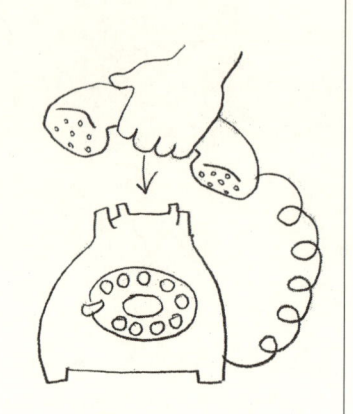

3. talk on (the phone)

4. "hang on"

5. for (you)   6. to (you)

●絵1と絵2を比べて見てください。
受話器を上げる時も置く時も **up** を使います。日本人は受話器を置く時には間違って **on** を使いたくなってしまうところです。前置詞の **up** を使うのは、昔の電話機の形に由来しています。昔の電話機、または現在アメリカで使われている公衆電話は壁掛型で受話器を本体の横に引っかけるようになっています。そのために受話器を置く時も「引っかける」と言う意味で hang **up** となるのです。

絵3 **on** は「使用状態である」という意味がありますので、電話で話し中の時は **on** を使い talk **on** the phone とします。

絵4「電話を切らないで」は "hung **on**" と言います。 hung **up** と間違えて電話を切ってしまわないように。

● **on** は「電話回線がつながっている」という意味です。

絵5 と**絵6** を比べて見てください。「電話を誰々に」と言う場合は **for** を使いますが、「ファックスを誰々に」と言う場合は **to** を使います。

17 殴られる場所による違い

1. in/on

2. on

3. (punch) in

4. on

5. (hit) on

6. (hit) in

●絵1 鼻を殴られた場合は **in** または **on** を使います。
絵2 鼻の上に何かが付いている場合は **on** を使います。鼻くそが付いている場合もそうです。「鼻の下に」という意味で **under** を使いたくなるところですが、その時も **on** を使って something **on** your nose（何か鼻についている）と言います。
絵3 と 絵4 を比べて見てください。
絵3 腹を殴られた場合はパンチがのめり込む感覚なので **in** を使います。
絵4 **on** は腹の上に何かがのっている時や、何かが付着している時に使います。
絵5 何かが頭に当たった時や、殴られた時には **on** を使います。
絵6 顔を殴られた時や、顔に何かが当たった時には **in** を使います。

18 意識してボールを投げる

1. on (the door)

2. against (the door)

3. against (the wall)

4. for (her)

44

5. at (him)

6. to (him)

●絵1と絵2を比べて見てください。絵1のようにドアの方が頭に当たった場合は **on** を使って hit my head **on** the door となりますが、絵2のように自分からドアに頭をぶつける場合は beating my head **against** the door となります。

絵3 ボールを壁に投げる時も自分の意思で投げるのですから、絵2の時と同じように **against** を使います。

絵4 ボールを人に与える時は **for** を使います。**for** は相手にとって有益だと思えることに使います。プレゼントをあげる時に **for** を使うのと同じ要領です。

絵5と絵6を比べて見てください。相手にけがをさせる目的でボールを投げる場合は **at** を使いますが、相手がボールを受け止めることを目的としてボールを投げる場合は **to** を使います。これは **at** が当たる場所を示しているのに対して、**to** は方向を示しているからです。

19　本の上

1. on (the book)

2. in (the book)

3. on (the map)

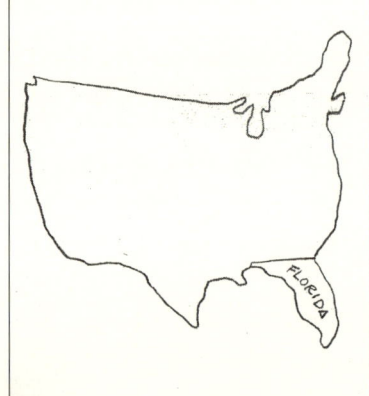

4. in (the newspaper)

5.on (the page) 6.on (page13)

●絵1と絵2を比べて見てください。本の上に何か物がのっている場合は **on** を使いますが、本に何かが印刷されている場合は **in** を使います。

絵3 地図に載っているという場合は **on** を使います。

絵4 新聞の場合は本に何かが印刷されている時と同じように **in** を使って **in** the newspaper と言います。しかし、これは新聞全体をさして言う場合のみであり、特定のページを言う場合には **on** を使います。例えば、フロントページにのっていると言う場合には **on** the front page となります。

絵5と絵6を比べて見てください。ここでは本を扱っていますが「本に」ではなく「ページに」という言い方です。何かものがページの上に乗っている場合でも、ページの中に印刷されているものでも両方とも **on** を使います。

●本や新聞のように何枚もの紙が重なっているものには **in** を使います。地図のように一枚の紙でできているものの場合は **on** を使います。

20 紙の上

1. between (the books)

2. between (the pages)

3. underneath

4. under

5. on (the top)　6. at (the top)

●絵1と絵2を比べて見てください。しおりをはさむ時に間違え易い言い方です。日本語では「本にしおりをはさむ」と言いますが英語では「しおりはページにはさむ」といいます。日本語の「本にしおりをはさむ」を英語に直訳した場合は絵1のような状態のことですので間違えないようにしてください。

絵3と絵4を比べて見てください。「本の下」と言う意味では両方とも **under** を使って言うことはできますが、絵3の方は本が覆いかぶさっていると言う意味を含ませるために **underneath** を使います。

絵5と絵6を見比べてください。日本語では両方とも「紙の上」となりますが、絵5のように物が紙の上に乗っている場合は **on** the top of the paper となります。絵6のように「紙の上方」と言う場合には **at** the top of the paper となります。

21 水の中

1. under (water)

2. (water) **over** (our heads)

3. underneath (the surface)

4. below (the surface)

5. about to (dive) 6. (dive) into

●絵1と絵2を見てください。水の中に体全体が浸かっている状態を示しています。水は体の回り全体を覆っているのにもかかわらず、このように水面の位置が頭より上に来ている場合には、前置詞は水全体を問題とせず、水面の一部分を水（water）と見なしていることに注目してください。

☞22「水と戯れる」を参照してください。

絵1では、体の上に water（水面の一部分）がありますので、人は水の下にいると考え、**under** water となります。

絵2では、**water**（水面の一部分）が頭の上にありますので、water **over** our heads となります。

絵3 それでは surface（水面）と言う単語を使った場合にはどうなるでしょうか。surface は水面全体の広い部分を指しますので水面に覆われた下という意味で **underneath** を使います。

絵4 水面全体の下方ですから **below** the surface となります。

絵5 水に飛び込もうとする状態は **about to** dive です。

☞67「about」を参照してください。

絵6 水に飛び込んでいる瞬間は dive **into** the water となります。

22 水と戯れる

1. in

2. out of

3. away from

4. toward

5. around　　6. across

●絵1と絵2を見比べてください。人のいる場所を示しています。絵1のように水に浸かっているだけでも、泳いでいても、潜水していても **in** を使います。これは絵2の **out of** the water に対して **in** the water となるわけです。

●21の「水の中」の絵1が under となっているのは、水の中の人間の位置を示しているのであって、陸との関係はないからです。

絵3と**絵4**を見比べてください。水から離れる時には **away from** the water となり、反対に水に向かって行く時には **toward** the water となります。

絵5 どんな形のプールでも、プールの縁に添って泳ぐ場合は swim **around** the pool となります。プールの縁に沿ってプールの外側の陸を歩く時にも **around** を使い、walk **around** the pool となります。

☞74「around」を参照してください。

絵6 プールの端から端まで泳ぐ時には swim **across** the pool となります。

53

23 ボートと水

1. under (the boat)

2. at (sea)

3. on

4. under

5. above (the fish)   6. across (the lake)

絵1 大タコはボートの下方にいるので **under** を使います。

絵2 ボートが海に出て、航海中という意味の時には **at** sea です。

絵3 潜水艦が水面上に出ている時は、船と同じように **on** the water となります。

☞ 8「乗り物による違い」を参照してください。

絵4 潜水艦が水面下にいる時には **under** water です。

絵5 ボートは魚の上方にいますから **above** を使います。

絵6 湖を端から端まで渡る時には **across** を使います。

☞ 69「ACROSS」を参照してください。

24 同じ場所で使う in と at の違い

1. in (school)

2. at (school)

3. in (the hospital)

4. at (the hospital)

5. in (jail)   6. at (jail)

- ●絵1と絵2を比べて見てください。
- ●生徒が勉強するために学校にいる時には **in** を使いますが、先生は学校で仕事をしているので **at** を使います。
- ●同じ学校内でも、する目的によって前置詞が違ってきます。生徒でも学校に勉強の目的でいる時以外は、先生と同じように **at** を使います。

絵3と絵4を比べて見てください。
入院している場合は **in** を使いますが、病院内で働いている人達や、訪問者には **at** を使います。

絵5と絵6を比べて見てください。
監獄に入れられている場合は **in** を使いますが、看守や訪問者には **at** を使います。

25　家の周り(1)

1. near

2. around

3. through

4. behind

5. underneath　6. by

絵1 場所の定まったところで、家の近くと言う時には **near** を使い **near** the house とします。

絵2 家の近くだけれども、場所に制限がなく家の周りの全ての方向を示している場合には **around** を使い <u>around</u> the house とします。

絵3 家を通り抜ける場合は **through** the house となります。

絵4 家の後ろに隠れているので **behind** the house とします。

絵5 床の下と言う場合は、英語では家の下（**underneath** the house）という言い方をします。**under** を使っても間違いではありませんが、一般的に床の下のあるものは床面よりも小さく、床がかぶさるような形で隠れている状態なので **underneath** の方がぴったりとします。

絵6 と**絵1**を比べて見てください。家のそばという意味では **by** は **near** よりも近いところを指します。

26 家の周り(2)

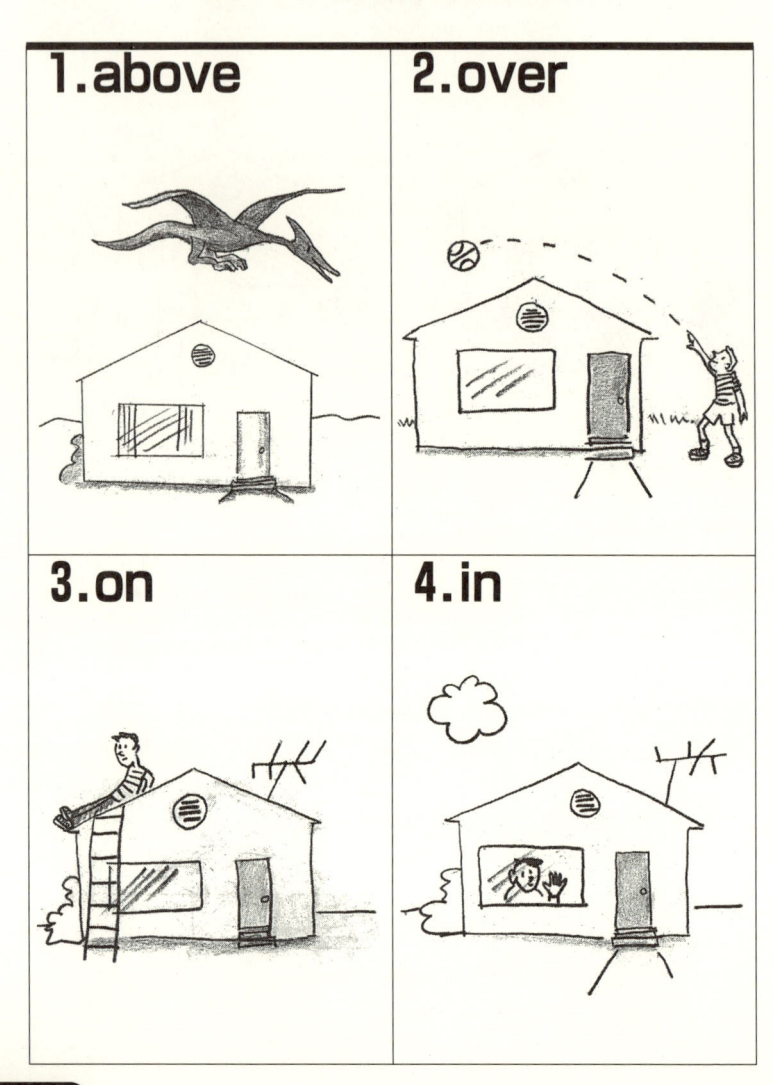

1. above

2. over

3. on

4. in

5. at (home)

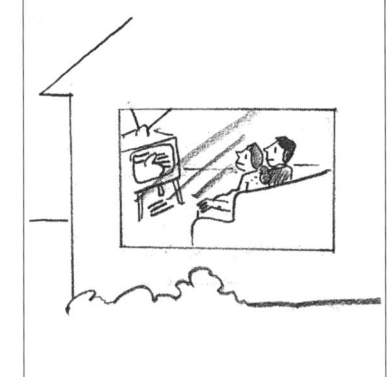

6. toward

絵1 テラダクトルが家の上空高くを飛んでいるので **above** を使い the pterodactyl is **above** the house となります。

絵2 ボールは家の上空近くを飛んでいるので **over** the house となります。

絵3 人は家の上の面に接しているので **on** the house となります。

絵4 人は家の中にいるので **in** the house となります。

絵5 house は建物を指し、home は家庭を指します。例外として、不動産屋が住宅(house)を売る場合には、温かい感じを出すために house という単語を使わずに home の方を好んで使います。

自宅で、又はくつろいでという意味で home を使う時には必ず **at** を使います。

絵6 家の方に近づいて行く場合は **toward** the house となります。

27　家の周り(3)

1. outside

2. inside

3. outside (the yard)

4. in (the yard)

5. out of

6. away from

●絵1と絵2を比べて見てください。部屋を **inside** の基準として考えていますから、部屋の外にいる場合は **outside** となります。

● **inside** はその周りを何かで隔てられているところで使い、その場所以外はすべて **outside** ということになります。

絵3と絵4を比べて見てください。ここでは庭を基準として考えています。庭自体は広いので囲いがないとみなします。庭の外にいる場合は <u>**outside**</u> the yard でいいのですが、庭の内側にいる場合は **in** を使い <u>**in**</u> the yard となり、<u>**inside**</u> the yard とはいいません。しかし、絵4で家を基準にした場合には **outside** the house となります。柵そのものを基準にした場合は <u>**inside**</u> the fence となります。

● **inside** の反対は **outside** のみですが、**outside** の反対には **inside** や **in** また **between** などがあります。

絵5と絵6を比べて見てください。絵5 **out of** は **away from** の意味と同じ意味で使う時もありますが、ここでは家を基準にしているので意味が違ってきます。<u>**out of**</u> the house は家から離れるという意味しかありませんが、絵6の **away from** the house の方は、家から離れて遠くに行くという意味になります。

28 犬の行動

1. (run) from

2. (keep) away from

3. toward

4. along with

5. between

6. among

●絵1 人が犬から走って逃げるのは run **from** the dog。
絵2 人を犬に近づけないように遠ざけるのは keep **away from** the dog。
絵3 人が犬の方に近づいて行くのは **toward** the dog。
絵4 人が犬を連れて一緒に走るのは run **along with** the dog、または run **with** the dog となります。
● **with** の前についている **along** は行動を伴う動詞を強調する時に口語でよく用いられる言い方です。
絵5と絵6を比べて見てください。猫が、二匹の犬の間にいる時には the cat **between** the dogs とし、犬が三匹以上いる場合には the cat **among** the dogs となります。
● **between** は二つのものに囲まれている時に使い、 **among** は三つ以上のものに囲まれている時に使います。

29 カウンター

1. at

2. on

3. at (the end of)

4. in (the middle of)

5. behind

6. near

```
SODA    1.00
COFFEE  1.00
MILK     .75
```

●絵1と絵2を比べて見てください。人がカウンターに座っている場合は **at** the counter となりますが、物がカウンターにある場合は **on** the counter となります。

絵2と絵3と絵4を比べて見てください。どれも物がカウンターの上にあるのですが、**絵2**ではカウンター自体を指していてカウンターの上にあるのかないのかを問題とし、カウンターのどの場所か部分的なことは問題にしていません。それに対して**絵3**と**絵4**はカウンターの上での部分的な場所を問題にしています。

カウンターの端にある場合は **at** the end of the counter となり、カウンターの真ん中にある場合は **in** the middle of the counter となります。

絵1と**絵5**と**絵6**を比べて見てください。カウンターで客の座る場所は **at** the counter、カウンターで従業員の働く場所は **behind** the counter、そのどちらでもないがカウンターの近くにいる場合は **near** the counter となります。

30 階段

1. up

2. down

3. beside

4. near

5. at the bottom of　6. in the middle of

●絵1 階段を上がる時は **up** the stairs.
絵2 階段を駆け降りる時は run **down** the stairs.
絵3 と絵4 と絵5 を見比べてください。これら全てを **at the bottom of** the stairs として間違えてしまいそうな状況です。
絵3 階段のそばにいる場合は **beside** the stairs です。
絵4 階段の近くにいる場合は **near** the stairs です。
絵5 階段の上かつ下の端の段にいる場合のみ **at the bottom of** the stairs となります。
絵6 階段の中ほどにいる場合は **in the middle of** the stairs といいます。
絵5 と絵6 は両方とも **on** the stairs でもあります。

31　カエルとびん

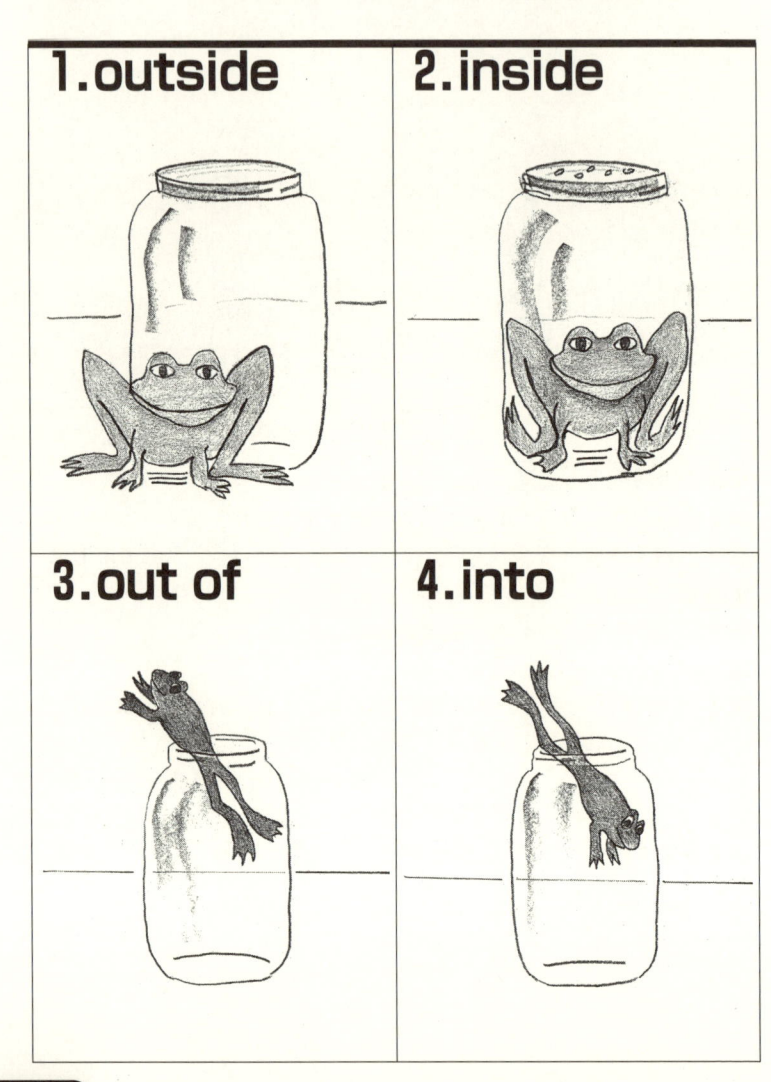

1. outside	2. inside
3. out of	4. into

5. (jump) **over**
6. (jump) **around**

●絵1と絵2を比べて見てください。びんという物を境としてカエルがびんの外にいる場合は **outside** the jar、またカエルが内側にいる場合は **inside** the jar となります。

絵2では **inside** the jar の他にも **in** the jar とすることもできますが、ここではびんを基準として、カエルが外にいるのか中にいるのかを問題としているので **outside** の反対の意味として **inside** を使っています。

絵3と絵4を絵1、絵2と見比べてください。絵1と絵2はカエルのいる場所（状態）を示しているのに比べて、絵3と絵4はカエルの行動を示しています。

絵3でカエルは、びんから外にジャンプ（行動）をしているわけですから jump **out of** the jar となります。

絵4でカエルは、びんの中にジャンプ（行動）をしているので jump **into** the jar となります。

絵5 びんの上を飛び越えるのは jump **over** the jar と言います。
絵6 びんの回りを飛び回るのは jump **around** the jar となります。

32 木(1)

1. underneath (the tree)

2. under (ground)

3. above (our heads)

4. among (the leaves)

5. without (leaves)   6. (trim) off (the branches)

●絵1と絵2を比べて見てください。
under と **underneath** の使い方の違いです。
絵1は、人が木の下の影になった部分にいるので **under** the tree または **underneath** the tree とすることができます。
絵2は、木の根が土の下の見えない部分にあるので **underneath** the tree としたいところですが、**under** ground となります。
絵3 りんごが上方にあるので、ここでは **above** でも **over** でも両方使えます。
絵4 鳥は木の葉の間にいるので **among** the leaves となります。
絵5 木には葉がついてないので **without** leaves の状態です。
絵6 物から何かを取り去る時には **off** を使います。ここでは枝を切り落としているので trim **off** the branches となります。

33 木(2)

1. between 
2. against 
3. past 
4. behind

5. above

6. (swing) from

●絵1 人は二本の木の間にいるので **between** the trees となります。

絵2 はしごは木に立てかけられているので「加えられる力が木に逆らって」と言う意味で **against** the tree となります。

絵3 と**絵4** を比べて見てください。両方とも動物は木の向こう側にいるのですが、**絵3** の牛は木を通り越した向こう側にいるので <u>**past**</u> the tree となります。

絵4 は木に隠れた向こう側にいるので **behind** the tree となります。

絵5 カイトは木の上方にあるので <u>**above**</u> the tree となります。

絵6 ターザンは木からスイングしているので swing <u>**from**</u> the tree となります。

☞85「FROM」を参照してください。

34 結婚

1. (get married) **to**

2. with (a knife)

3. during (the wedding)

4. after (the wedding)

5. in (her arms)　6. between

●**絵1**「誰それと結婚する」と言う時には **to** を使います。**with** を使いたくなるのですが間違いです。

絵2 ナイフで切るというように、道具を使う時には **with** です。

絵3 結婚式の間中ずっと（期間を定めている場合）は **during** を使います。

絵4 結婚式の後という時には **after** を使います。later は使えません。

☞70「after」を参照してください。

絵5 子供が腕に抱かれている時は、子供は腕に周りを囲まれているので腕の中にいると見なし **in** を使います。

絵6 子供が両親の間に位置しているので **between** を使います。

35 コーナー

1. at/in

2. in the middle

3. at/on

4. in

5. around

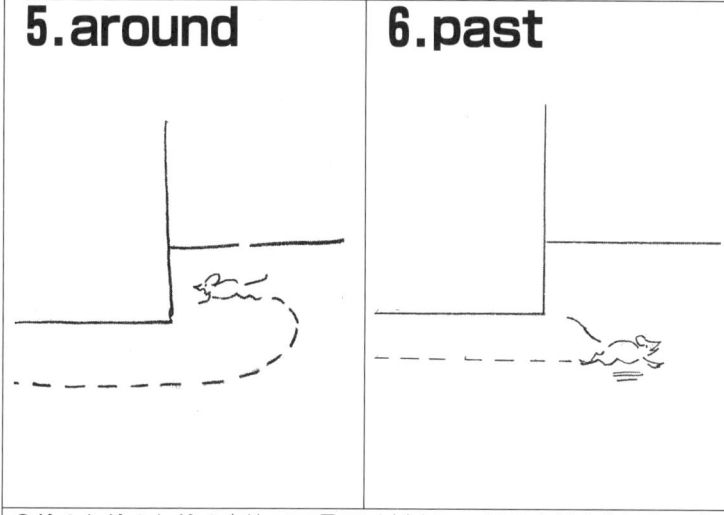

6. past

●絵1と絵3と絵4を比べて見てください。紙の内側の角にという意味で **at** と **in** の両方が使えますが、絵4のように部屋の内側の角の場合は **in** のみを使います。日本人のよく間違うのが絵3の角の外側にという時です。この場合は **at** または **on** を使います。

●二次元の紙の上と三次元の空間では前置詞が違ってきます。二次元では角の内側は **at** または **in** を使いますが、三次元では角の内側は **in**、角の外側は **at** または **on** を使います。15の「人の住む場所」の絵2を参照してください。

絵5 角を曲がる時には **around** the corner となります。
絵6 角を過ぎた場合は **past** the corner です。

36 ゴルフボールとホールの関係

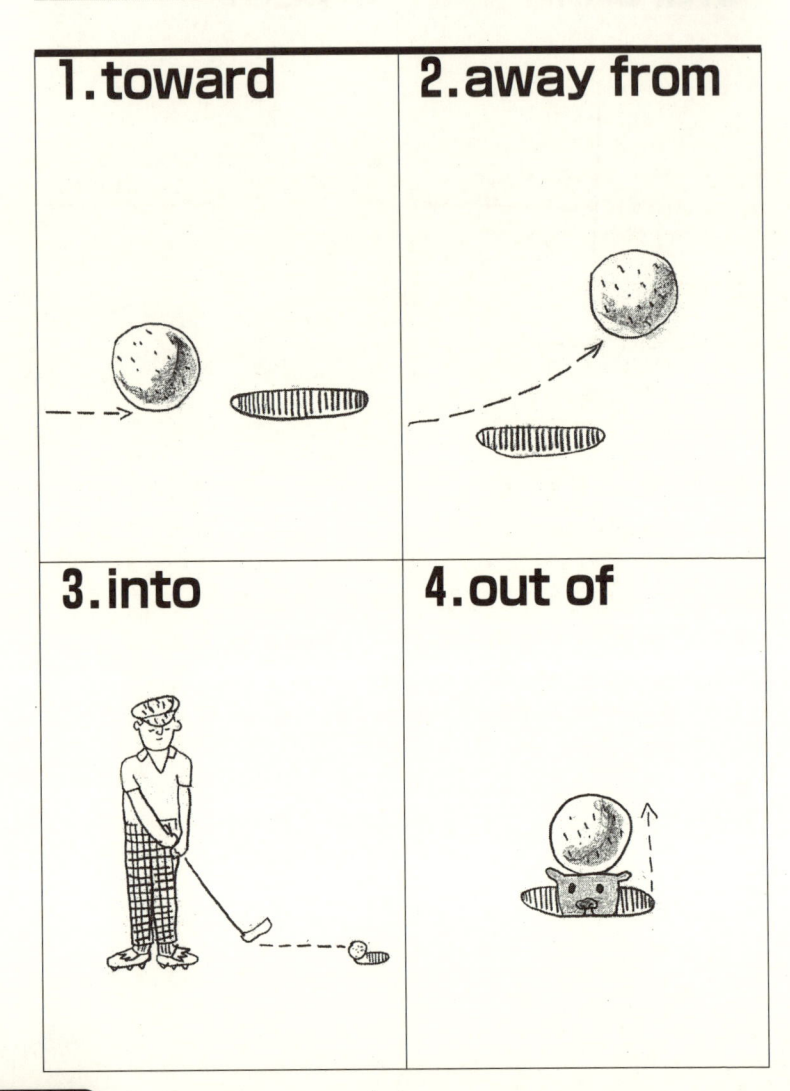

1. toward	2. away from
3. into	4. out of

5. around

6. in

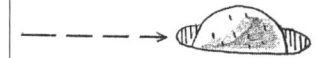

●絵1 ボールは穴の方に向かっているので **toward** the hole となります。

絵2 ボールは穴から遠くへそれて行ってるので **away from** the hole となります。

絵3 ボールは穴に入るところですので **into** the hole となります。

絵4 ボールは穴から出て来ているところですので **out of** the hole となります。

絵5 ボールは穴をそれていますが、穴の回りに添って転がっているので **around** the hole となります。絵2 の **away from** と比べて見てください。

絵6 ボールはすでに穴に入っていますので **in** the hole となります。絵3 の **into** と比べて見てください。

37　坂の登り降り

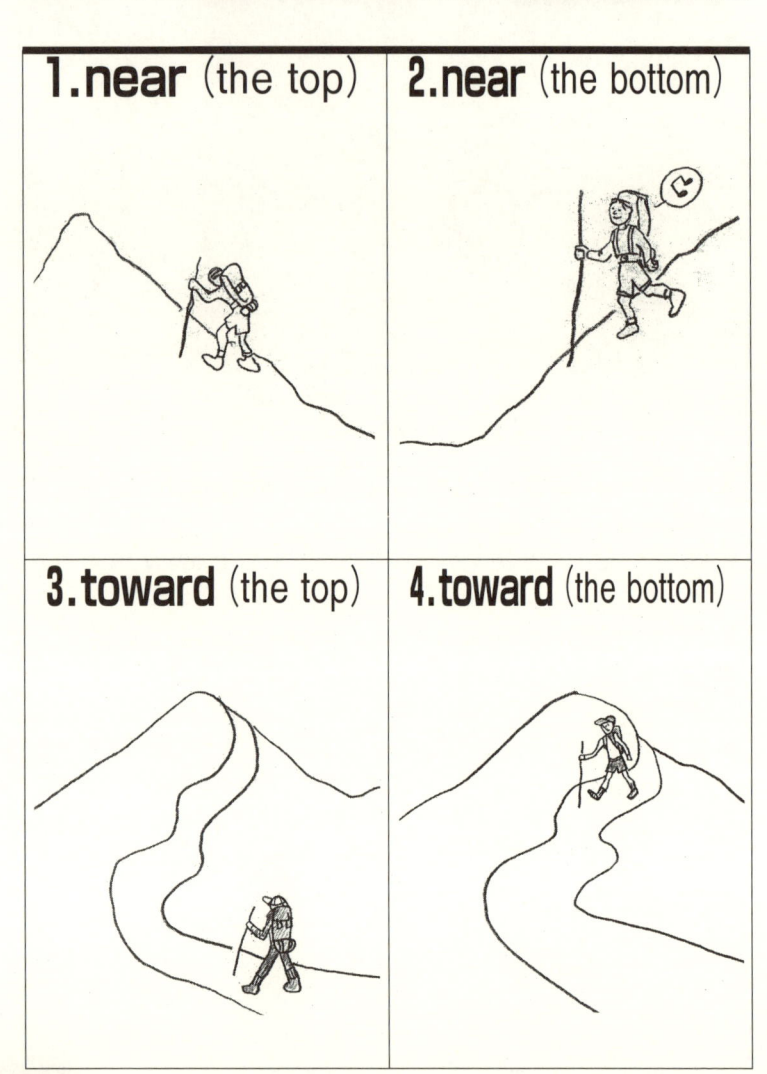

1. near (the top)

2. near (the bottom)

3. toward (the top)

4. toward (the bottom)

5. up

6. down

●絵1と絵2を見てください。丘の頂上近く、またはふもと近くの場所を示す場合には **near** を使います。

絵3と絵4を見てください。頂上に向かう、またはふもとに向かうときのように方向と目的のある場合には **toward** を使います。
☞99「TOWARD」を参照してください。

絵5と絵6を見てください。このように単に丘の登り降りをいう時など、方向のみで目的のない場合には **up** または **down** を使い **up** the hill または **down** the hill とします。

38　時間

1. about (8 o'clock)

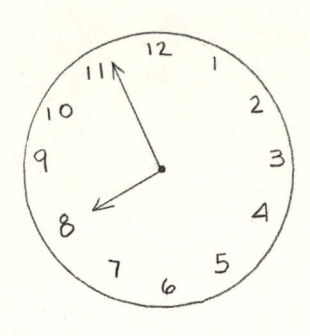

2. about (lunch time)

3. (4) **to** (5)

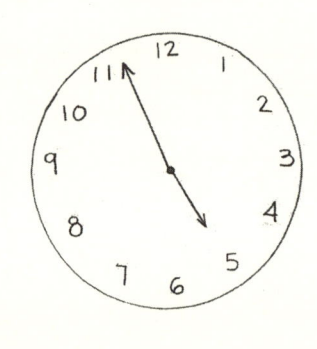

4. after (an hour)

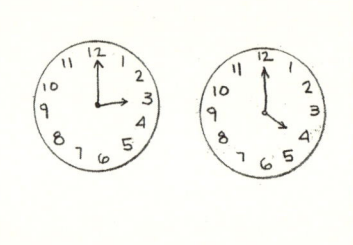

5. past (12) 	**3.** (2) past (5) 

●絵1 だいたいの時間をいう場合には around と同様に about も使います。絵では八時少し前を示していますが、八時少し過ぎでも同じように around や about を使います。

絵2 昼食の時間近くという意味で、絵1 と同じ使い方をします。about はその周囲、その周りという意味なので昼食の時間内は含まれていません。

絵3 「五時四分前」という言い方です。to はここでは時間の方向性を示し、「五時までに四分ある」と言う意味です。

絵4 「一時間後」を現時点で過去のこととして言う時には **after** an hour となりますが、現時点で未来のことを言う時には **in** an hour となることに注意してください。

絵5 と絵6 を見てください。 past の意味は「何かを通り越して向こう側に」です。「十二時過ぎ」と言う時には「十二時を通り越した」と理解して **past** twelve となります。「五時二分過ぎ」は「五時を二分通り越した」とすればわかるように two **past** five となります。

39 線

1. between

Jack Howell
SIGNATURE

2. outside

3. inside

START

4. on

5. in

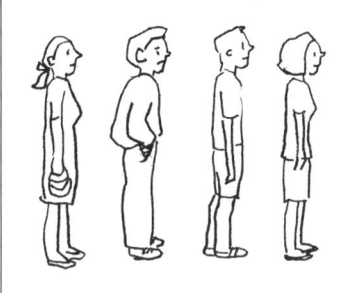

6. out of

●絵1と絵2を比べて見てください。ここでは **between** の反対は **outside** となります。線の間は **between** the lines ですがそれ以外の場所は **outside** the line です。もしこれが線でなく枠や括弧内であれば **between** は使わずに **in** または **inside** を使い、枠や括弧以外の場所は線の時と同じように **outside** を使います。

絵3 線を境として、その手前側と言う場合には **inside** を使います。

絵4 線の上を歩く時には **on the line** となります。

絵5 **in** the line は地面に線が引かれてなくても、列になって並んだ時には人間自体が線の形をとるので「列に並ぶ」と言う意味になります。

絵6 **out of** the line は列から離れるという意味です。

●車の乗り降りと同じように、 **in** の反対は **out of** と覚えます。

☞11「乗り物の乗り降り」を参照してください。

40 飛行機と雲

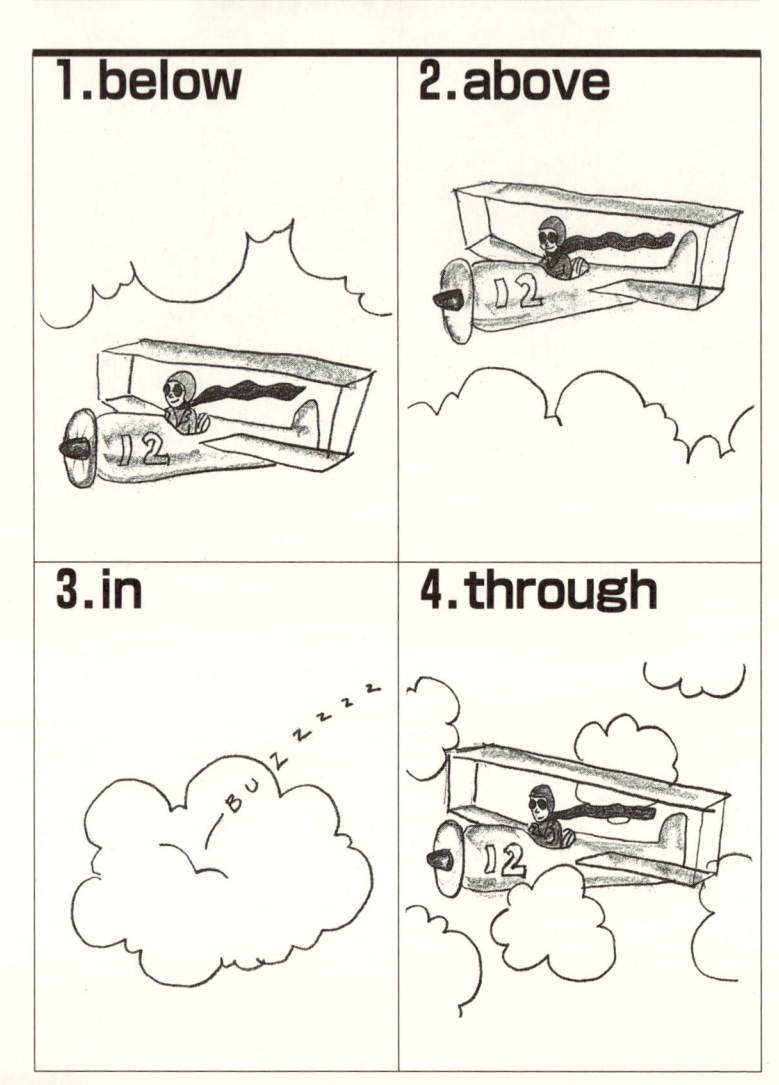

1. below

2. above

3. in

4. through

5. into

6. away from

●**絵1** 飛行機に乗っている人間側から見て、人間は雲の下なので **below** the clouds となります。

絵2 飛行機は雲の上なので **above** the clouds となります。

絵3 飛行機は雲の中に入って見えないので **in** the clouds となります。

絵4 飛行機は雲の間を通っているので **through** the clouds となります。

●もし、飛行機が動かずに静止している状態ならば **among** を使いますが、ここでは飛行機は動いているので「通り抜けると言う意味」で **through** を使っています。

絵5 飛行機が雲に入っていく動作を表す時は **into** を使い、 **into** the clouds となります。

絵6 飛行機が雲から離れていくので **away from** the clouds となります。

41 空

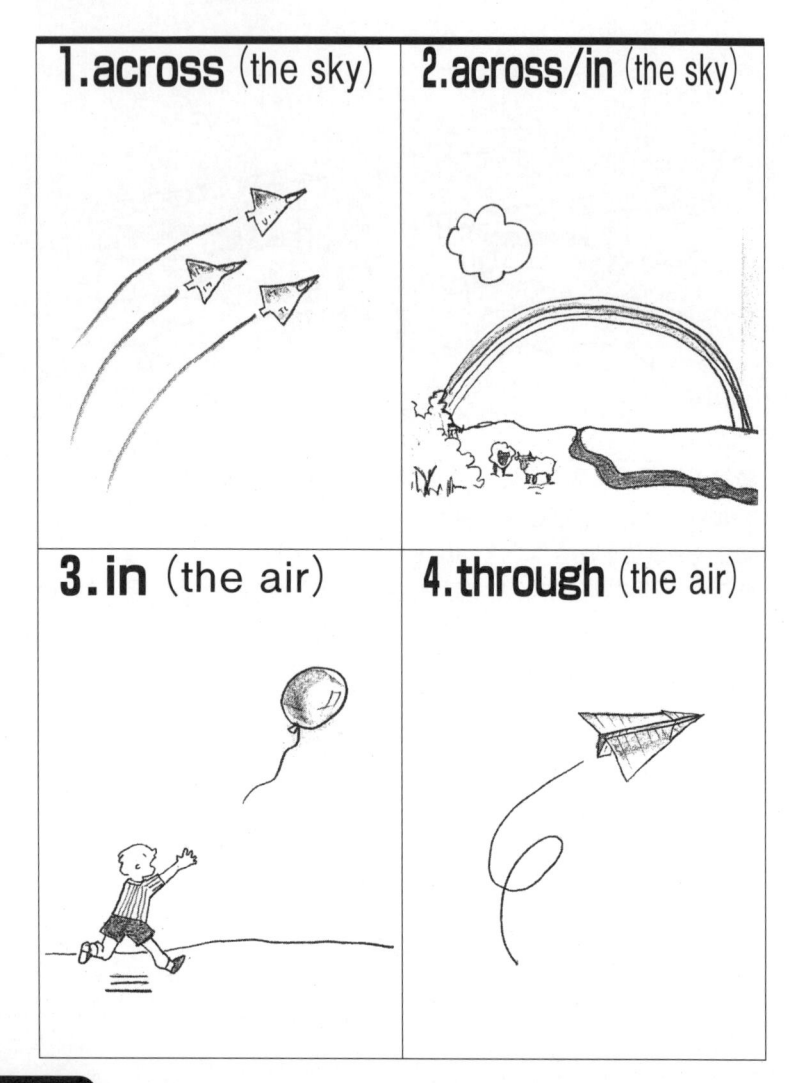

1. across (the sky)

2. across/in (the sky)

3. in (the air)

4. through (the air)

5. to (the moon)   6. in (outer space)

●絵1 端から端に横切る時には **across** を使います。飛行機が空を端から端に横切っているので **across** the sky となります。

絵2 虹も「空を横切っている」→「空にかかっている」 **across** the sky となります。単に「虹が出てる」と言う時には **in** を使います。

絵3 風船は「空気の中」→「空中」 **in** the air にあります。

絵4 紙飛行機は「空中を通る」→「空中を漂う」ので **through** the air となります。

☞53「花」の絵1を参照してください。

絵5 ロケットが月に向かっていて、月に到達することを目標としているので、方向性かつ到達性のある **to** を使います。

絵6 ロケットが宇宙空間を漂っている時には、宇宙の中と見て **in** outer space とします。

42 太陽

1. in

2. out of

3. under

4. above

5. toward

6. about (sunrise)

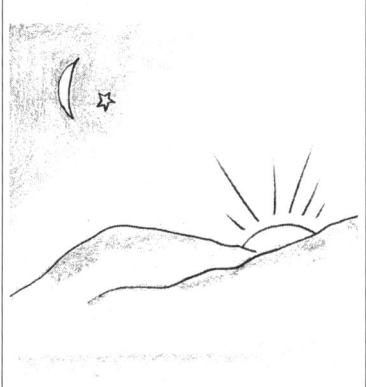

●絵1と絵2を比べて見てください。太陽（直射日光）の当たる場所にいること（日光を浴びる）を **in** the sun と言い、太陽の光から遠ざかるときには **out of** the sun、または **away from** sunlight と言います。

絵3 単に太陽の下と言う意味です。絵1と比べてください。絵1の場合は「日光を体に浴びることのできる場所」という意味です。

絵4 飛行機は太陽の上の方に見えているので **above** を使います。

●ここで **over** の使えない理由は、**over** は物が実際に上の方にある時のみに使うのに比べ、**above** は実際に上になくても上方に見えていれば使えるからです。

絵5 カイトが太陽の方に向かっているので方向性のある **toward** を使います。

●ここで **to** の使えない理由は、**to** は方向性がありその上でその場所に到達しなければなりません、ここでカイトは太陽に到達しないので方向性だけを重視して **toward** を使っているわけです。

絵6 日の出のころという意味で時間を表す **about** を使います。

43 ドア(1)

1. at

2. beside

3. next to

4. past (the desk)

5. through

6. against

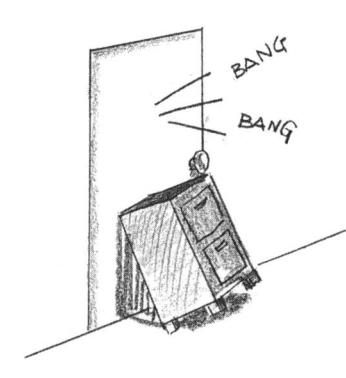

●絵1と絵2を比べて見てください。

人がドアのそばにいる時には **at** や **by** や **beside** を使いますが、物がドアのそばにある時には **at** は使えません。誰かが玄関に来たと言う時、または誰かがドアの外にいるという意味で somobody <u>**at**</u> the door と言います。

絵3 ドアが隣り合っているので **next to** each other となります。

絵4 ドアは机を通り越した向かう側にあるので <u>**past**</u> the desk となります。

絵5 ドアを歩いて通り抜けるのは walk <u>**through**</u> the door となります。

絵6 物がドアに立て掛けられているので lean <u>**against**</u> the door となります。

44　ドア(2)

1. on

2. under

3. in (the doorway)

4. around

5. on the front of

6. in front of

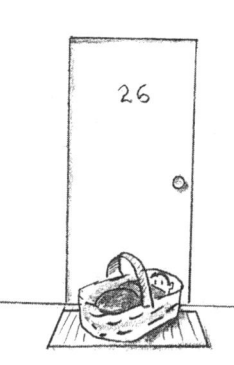

●**絵1** ドアのノブにサインがかかっているときは、サインはドアに接触しているので **on** the door となります。ドアにピンで貼り紙が留めてある場合でも **on** the door となります。

絵2 ドアの下の隙間に手紙がはさまれています。この場合は **under** the door となります。

絵3 ドアの囲みの柱の間に立っている場合は **in** the doorway となります。**between** や **under** を間違って使いやすいので注意してください。

絵4 ドアのそばかつ、場所が定まっていない場合には **around** the door となります。

☞43「ドア(1)」の**絵1**と**絵2**を参照してください。

絵5と**絵6**を比べて見てください。

ドアにくっついている物には **on the front of** the door「ドアの前に」を使い、ドア自体には接触せずにドアの前に置いてある物には **in front of** the door「ドアの前に」となります。

45 他人との位置関係

1. beside

2. between

3. among

4. by (myself)

5. between

6. opposite to

●絵1 誰かの隣に座る時には、もっとも近い接近の意味を表す **beside** を使い sit **beside** とします。

絵2と絵3と絵5を比べて見てください。

何かの二つの間、または誰か二人の間にいる時には **between** を使い、絵3のようにたくさんの人、またはたくさんの物の間にいる場合には **among** を使います。

絵4 一人の時には **by** myself となります。

絵6 人が向かい合って座っている時には sit **opposite to** で「対座する」という意味になります。本来 **opposite** は「反対の位置に」という意味であり、そこから「向かい合って」の意味が出てきます。

46　人とのふれあい

1. (arm) **in** (arm)

2. (arms) **around**

3. (hand) **in** (hand)

4. (cheek) **to** (cheek)

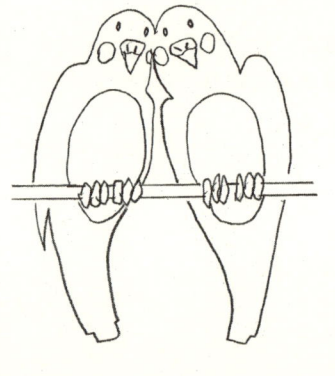

5. in (love)　　6. out of (love)

●絵1 この絵のように腕を背中に回した場合でも、ひじを曲げてお互いの腕を絡ませた場合でも arm **in** arm と言います。しかし、腕と腕が接触かつ交差していなければ **in** の意味はなくなりますので注意してください。

絵2 お互いに抱き締め合う時には腕が周りにあるという意味で **around** を使い arms **around** each other となります。

絵3 手を握るのは、手が手の中にあると見なして hand **in** hand となります。**絵1** と比べて見てください。

絵4 ほほを寄せ合う時には、お互いにほほをくっつく位置まで持っていくという意味で方向性と到達性のある **to** を使います。

絵5 と**絵6** を比べて見てください。「恋をする」という時には、愛の中に入ると解釈して **in** を使います。反対に、「失恋」は愛から出ると解釈して **out of** を使います。車の乗り降りと同じ言い方です。

●11「乗り物の乗り降り」の**絵3** と**絵4**、また12「エレベーターとエスカレーター」の**絵3** と**絵4** を参照してください。

47 人の感情

1. (mad) **at**

2. (angry) **with**

3. (upset) **with**

4. (look) **for**

5. (look) at

6. (look me) in (the eye)

●絵1と絵2を比べて見てください。どちらも怒っているわけで意味は同じなのですが、形容詞によって後に来る前置詞が違ってくる例です。mad には **at** がつき、angry には **with** がつきます。

絵3 upset は怒りや嘆きなどたくさんの意味がありますが、これらはすべて感情を動かされると言う意味になります。upset には mad と angry の意味も含まれていますが、後に来る前置詞は **with** だけです。

絵4 捜すという時には目的を表す **for** を使い、ここでは She is looking **for** me となります。

絵5 見るという時には方向性と目標性のある **at** を使い、ここでは She is looking **at** me となります。

絵6 目を見て話すというような時には、目の中に入るという感覚で look me **in** the eye となります。

48　ねずみの行動(1)

1. (look) **around**

2. out of (the hole)

3. around (the room)

4. into (the hole)

5. through (the tunnel)   6. toward (the bottom)

●絵1と絵3を比べて見てください。
どちらにも around を使ってあります。around は四方八方にという意味から、絵1の「周りを見回す」は四方八方を見ると解釈し、絵3の「部屋を駆け回る」run around the room は部屋の中を四方八方に走ると解釈します。
絵2と絵4を比べて見てください。これらは、穴に出入りする時の動作を述べているので out of と into を使います。
☞31「カエルとびん」の絵3と絵4を参照してください。
絵5 トンネル（穴）を抜ける、またはトンネルを通ると言う時には through を使います。
☞53「花」の絵1を参照してください。
絵6 どこかに向かっていく時には方向性のある toward を使います。
● toward は方向性があるだけで目標への到達性がないので、目標があってもなくてもそれに到達しなくてよいのです。

49　ねずみの行動(2)

1. along (the edge)

2. across (the table)

3. toward (the edge)

4. at (the edge)

5. down

6. up

●**絵1** 何かに沿って動く時には **along** を使います。ねずみはテーブルの端に添って歩いているので **along** the edge となります。

絵2 **across** は端から端まで渡ると言う意味ですから、テーブルを横切る時には **across** the table となります。

絵3 どこかへ向かう時に、その方向が決まっている時には **toward** を使います。

☞48「ねずみの行動(1)」の**絵6**を参照してください。

絵4 一点の場所を示す場合は **at** を使います。この場合は **at** the edge ですが、テーブルのように広い場所を基準とした場合には **on** the table となります。

絵5 と**絵6**を比べて見てください。上り降りは **up** と **down** です。

50 ねずみの行動(3)

1. beside

2. around

3. near

4. among

5. inside　6. about

●絵1 ねずみは時計の側にいるのですが、時計にくっついているほどのそばではないので **beside** を使います。**beside** には「はずれて」と言う意味もあるのです。

絵2 ねずみは時計の周りを走っているので **around** the clock となります。**around** は時計の内側回りでも外側回りにでも使えます。

☞74「around」を参照してください。

絵3 ねずみは鉢から遠くはないが、接近しているわけでもないので **near** を使います。

絵4 ねずみはびんの間に混ざるようにしているので **among** を使います。

絵5 ねずみは棚の中にいるので **inside** を使います。

絵6 ねずみはチーズのことを考えています。何かについて詳しいことを述べたり、考えたりする時には **about** を使います。

51　ねずみの行動(4)

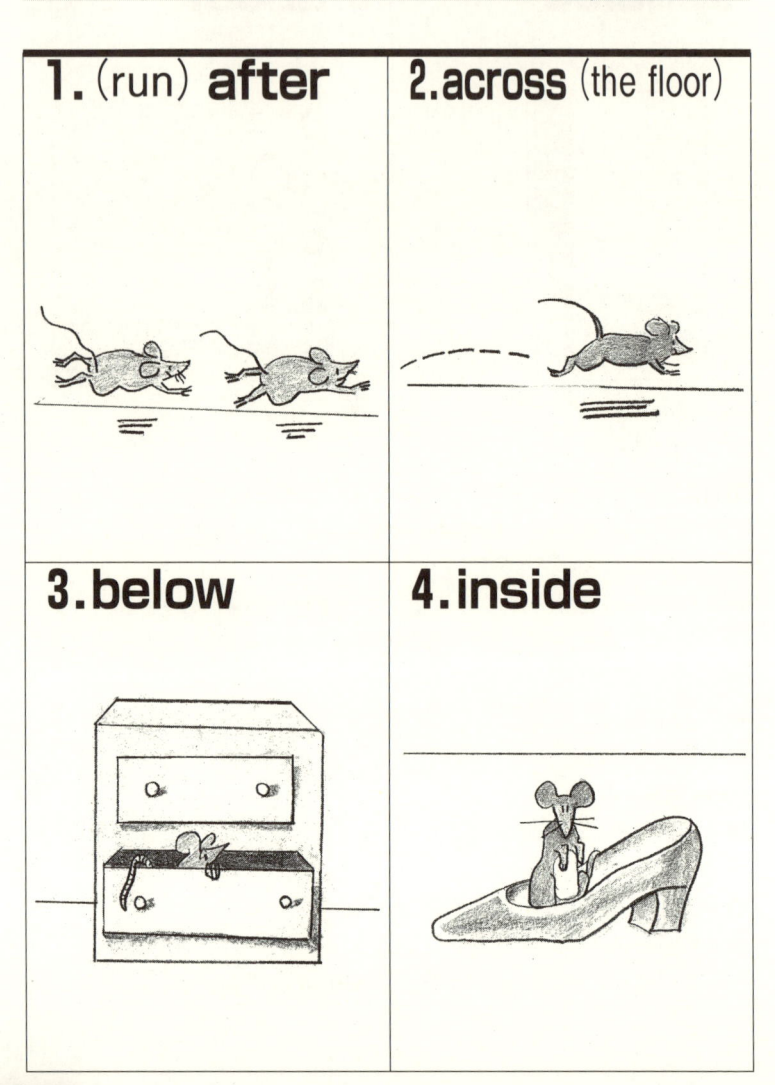

1. (run) **after**

2. across (the floor)

3. below

4. inside

5.under (the ground) ## 6.on (the ground)

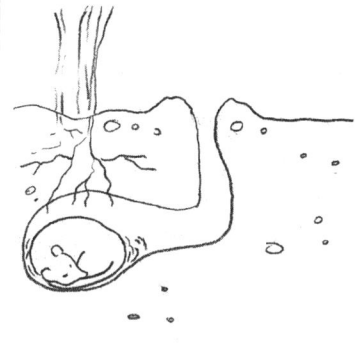

●絵1 何かまたは誰かを追いかける時には **after** を使います。
☞55「走る」の**絵3**と**絵4**を参照してください。
絵2 床を横切るという場合、床の一部分を指して端から端までの意味です。
☞49「ねずみの行動(2)」の**絵2**を参照してください。
絵3 上の引き出しよりも低い位置にあるので **below** を使います。
絵4 ねずみは靴の中にいるので **inside** または **in** を使います。
絵5と**絵6**を比べて見てください。
絵5のように、地表面を境として地下には **under** を使い、**絵6**のように地表面に接している場合には **on** を使います。

52 服の値段

1. for (sale)

2. on (sale)

3. over ($200)

4. under ($200)

5. about/around ($300)

6. between ($200 and $300)

$299—

$220—

● 絵1と絵2を比べて見てください。

for sale は販売品であるという意味で、**on** sale は安売りという意味です。

絵3と絵4を比べて見てください。

200ドル以上か、または以下なのかが問題になっています。以上という時には **over** を使い、未満という時には **under** を使います。

● 英語で **over**$200 という時には $200 は含まれません。**under**$200という時にも $200は含まれてません。

絵5 300ドル前後という時には **about** でも **around** でも両方を使うことができます。

絵6 200ドルか300ドルの間というふうに範囲の端の値段が決まっている時には「**between** 〜 and 〜」を使います。

53 花

1. through

2. among

3. on

4. above

5. toward (the sun)

6. without (sunlight)

絵1 花の間を走り抜けるのは、トンネルを通り抜ける時と同じように **through** を使い、run **through** the flowers となります。

絵2 花に囲まれている場合は、花の間にいると見なして **among** the flowers とします。

☞45「他人との位置関係」の**絵3**を参照してください。

絵3 蜜蜂がチューリップにとまっている時には、チューリップに接しているので **on** the tulip となります。

絵4 蜜蜂がチューリップの上方を飛んでいる時には **above** the tulip となります。もし、カエルなどがチューリップを飛び越えた場合は **over** the tulip となります。

☞26「家の周り(2)」の**絵1**と**絵2**、31「カエルとびん」の**絵5**を参照してください。

絵5 ひまわりは太陽に向かって咲いているので、方向性はあるが到達性のない **toward** を使います。

絵6 太陽を浴びずにという意味で **without** sunlight、または **away from** the sun と言うことができます。

54 橋

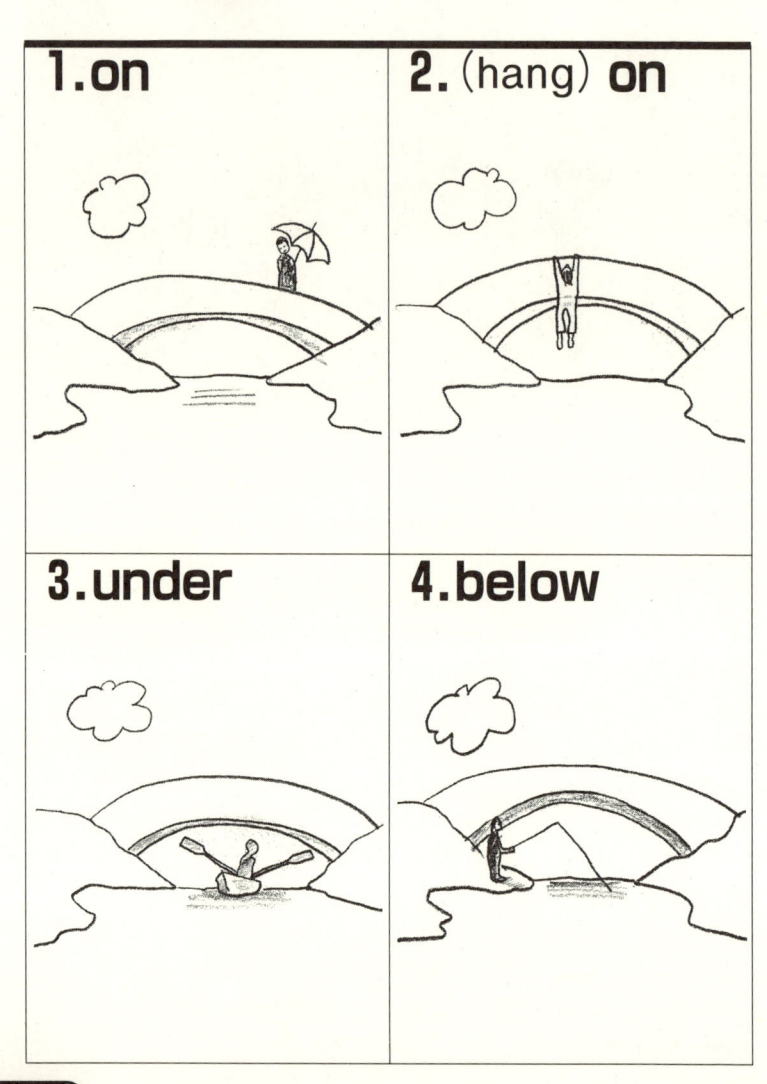

1. on

2. (hang) on

3. under

4. below

5. over (the river) 　 6. above

絵1 橋の上にいるということは橋と接触しているということなので **on** を使い **on** the bridge となります。

絵2 橋から人がぶら下がっているのですが、この場合も橋と接触しているので **on** を使い hang **on** the bridge となります。

絵3 橋の真下は **under** the bridge です。

絵4 橋の下の方にという場合は **below** the bridge となります。

絵5 橋が川にかかっていると言う場合は、川の上をおおっていると解釈して **over** を使います。

絵6 カモメが橋の上空を飛んでいます。こちら側から見て上空なのですが実際に真上を飛んでいるとは限らないので **over** は使えません。ここでは **above** を使います。

☞ 42「太陽」の**絵4**を参照してください。

55 走る

1. near

2. after

3. behind

4. after

5. around/on　6. inside

●絵1 ゴールの近くですが、by や beside を使うほどには近く接近していないので **near** the end となります。

絵2 走った後という時は **after** running となります。

絵3 このように決まったルートを走っているだけで前を走っている人と直接何も関係がなく、かつ後ろを走るという時には run **behind** となりますが、誰かの後を追いかけているとなると run **after** となります。

絵4 ボールの後を追いかけているので run **after** となります。絵3と比べて見てください。

絵5 トラックを走っている時には、トラックを回るように走るという意味で **around** the track、またはトラックそのものを走るという意味で **on** the track が使えます。

絵6 トラックの内側を走るという時には run **inside** the track となります。

56　フェンス

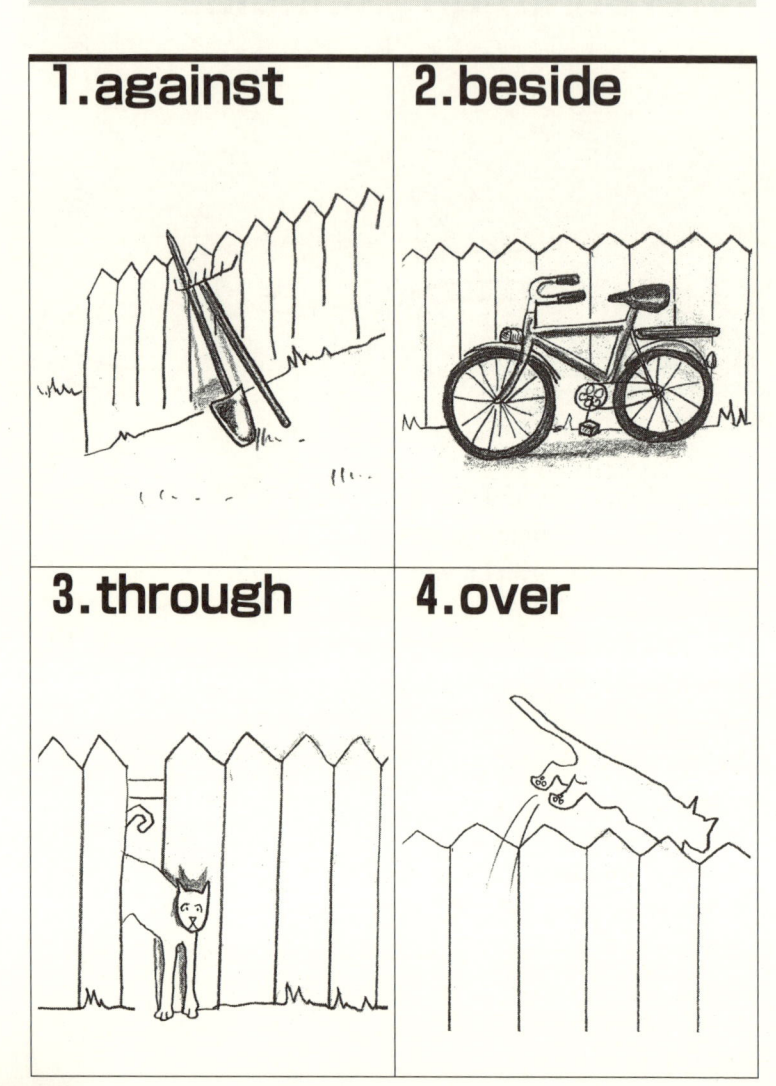

1. against
2. beside
3. through
4. over

5. on

6. along

●絵1 鍬やシャベルがフェンスに持たせかけてあるので **against** the fence となります。
☞ 3「鏡」の**絵5**を参照してください。
絵2 自転車がフェンスのそばにあるけれどもフェンスとは接触していないので **beside** を使います。
☞50「ねずみの行動(3)」の**絵1**を参照してください。
絵3 猫がフェンスの隙間を通り抜けているので **through** the fence となります。
☞48「ねずみの行動(1)」の**絵5**と、53「花」の**絵1**を参照してください。
絵4 over は上部をおおうようにという意味から「越える」と言う意味が出てきますので、ここでは jump **over** the fence となります。
絵5 猫の足がフェンスに接しているので **on** を使います。
絵6 フェンスに沿って歩いているので walk **along** the fence となります。

57 ベッド(1)

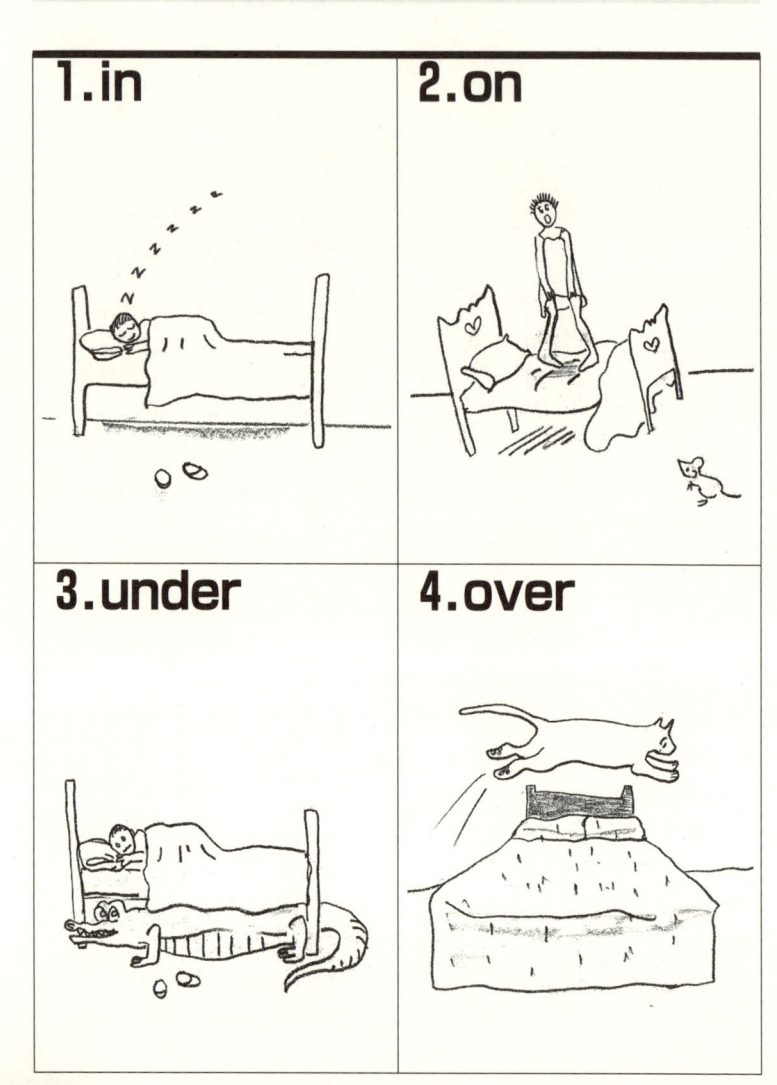

1. in

2. on

3. under

4. over

5. on

6. at

●絵1と絵2と絵5を比べて見てください。人が上掛けの中に入っている時には **in** the bed となりますが、人がベッドカバーの上に横になっていたり、上に立っていたり、座っていたりした場合には、ベッドの上面に接触していると見て **on** the bed となります。

絵3 何かがベッドの下にいる時には **under** the bed となります。

絵4 猫はベッドを飛び越えているので **over** the bed となります。
☞53「花」**絵4**を参照してください。

絵5と**絵6**を比べて見てください。

同じ座るでも場所によって前置詞は違ってきます。ベッドに座るのは sit **on** the bed ですが、ベッドのそばに座るのは sit **at** the bed となります。

● **at** の代わりに **by** や **beside** を使うこともできますが、**at** の方が **by** や **beside** よりも近いニュアンスを与えます。

58 ベッド(2)

1. against

2. underneath

3. out of

4. off (the cover)

5. (jumping) **on**   6. (jump) **off**

●絵1 犬はベッドに寄りかかっているので **against** the bed となります。

絵2 猫は毛布の中に入っています。日本語では「中」ですが、実際には毛布に上からおおわれているので **underneath** the blanket となります。

絵3 ベッドから落ちるのは、ベッドから離れると解釈して fall **out of** the bed とします。

絵4 ベッドカバーをはがすのは、ベッドカバーを取り去ると解釈して throw **off** the cover となります。

絵5 ベッドの上で跳ねるのは jumping **on** the bed となります。

絵6 ベッドから飛び降りるのは jump **off** the bed となります。

●66「"on" したものは "off" する」を参照してください。

59　ボトル

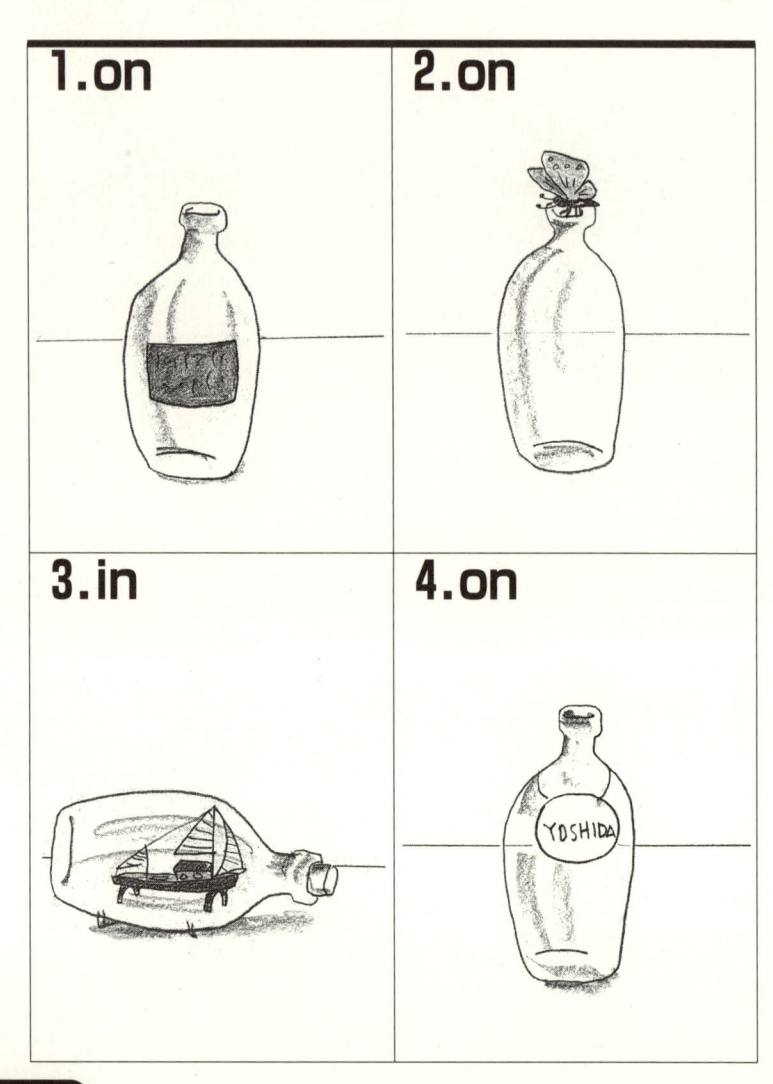

1. on

2. on

3. in

4. on

5. on the bottom　6. in the bottom

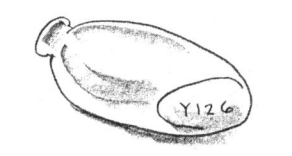

●**絵1**と**絵2**を比べて見てください。
ボトルの横腹にラベルが張ってある場合も、ボトルの口に蝶がとまっている場合も、両方ともボトルに接触しているので **on** を使います。

絵3 模型の船はボトルに接しているのですが、内側なので **on** は使えずに、**in** を使い **in** the bottle となります。

絵4 名前の札がボトルにかけてある場合は、札がボトルに接触しているので **on** the bottle となります。

☞ 44「ドア(2)」の**絵1**を参照してください。

絵5と**絵6**を比べて見てください。
ボトルの底（外側）に文字が刻まれている場合、文字は **on** the bottom of the bottle にありますが、ボトルの底（内側）に液体がある場合は **in** the bottom of the bottle となります。

60 窓(1)

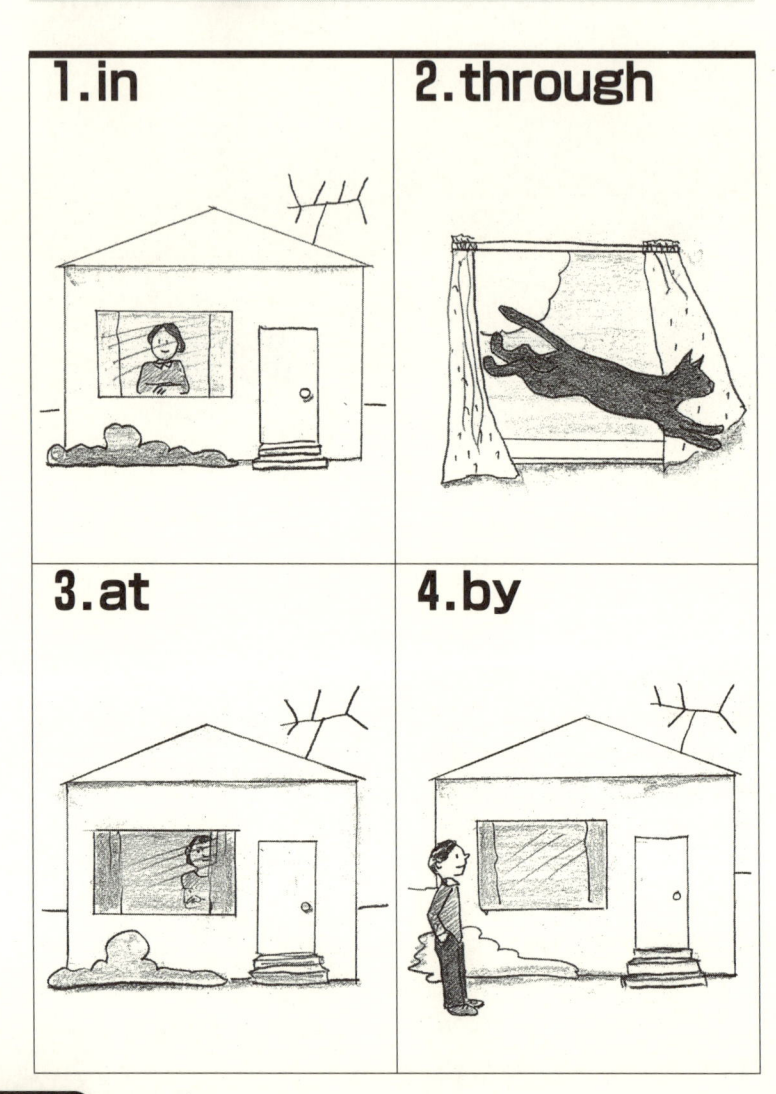

1. in

2. through

3. at

4. by

5. near　　6. under

●**絵1** 外から見て、人が窓に見えている時には **in** the window と言います。窓枠の中に人がいると考えて **in** を使います。

絵2 猫が窓を通り抜けているので **through** the window となります。

絵3 と**絵4** を比べて見てください。

両方とも人が窓のそばにいますが、人が外を見る時には窓を使うのが目的なので **at** を使い、 **at** the window とします。人が外にいて窓に対して何も目的を持たずにただ単にそばにいるだけというような場合には **by** the window となります。また、 **at** の方が **by** よりも近いニュアンスがあります。

絵5 窓の近くなのですが **at** や **by** を使うには遠過ぎるという場合には **near** を使い **near** the window とします。

絵6 猫は窓の下付近にいるので **under** the window となります。

61　窓(2)

1. above
2. on
3. toward
4. away from

5. (run) to　　6. (run) into

●絵1 ここでは **on** を使いたいところですが、猫は窓に乗っているのではなくカーテンレールに乗っているので窓には接触していません。窓の上方という意味で **above** the window となります。

絵2 **in** を使いたいところですが、猫は窓敷居に乗っているので **on** the windowsill となります。

☞ **in** の使い方は60「窓(1)」の**絵1**を参照してください。

絵3 窓の方に向かってという時には **toward** を使い **toward** the window となります。ここでは窓にぶつかることが目的ではなく、ボールを捕ることが目的で窓の方に走ってるからです。

絵4 窓から遠くに離れる場合は **away from** the window となります。

絵5 窓の方に蝶を追いかけて走っているので run **to** the window となります。

絵6 窓にぶつかった時には run **into** the window となります。**into** は結果を表す語なので、衝突という意味になります。

62 山

1. above

2. on

3. around

4. on

5. over

6. above

●絵1 月は山の上の方に見えているだけで、山の上に実際にあるわけではないので **above** the mountain となります。
☞42「太陽」の**絵4**を参照してください。

絵2 人は足を山に接触して立っているので **on** the mountain となります。

絵3 雲は山の周りを囲んでいるので **around** the mountain となります。

絵4 雪は山に接触しているので **on** the mountain となります。

絵5 雲は山一面をおおいっているので **over** the mountain となります。

絵6 雲は距離的にずいぶんと高いところにあるので **above** the mountain となります。

63　冷蔵庫

1. on (the refrigerator)

2. on (the refrigerator)

3. out of (the refrigerator)

4. in (the refrigerator)

5. on (the shelf)　6. on (the shelf)

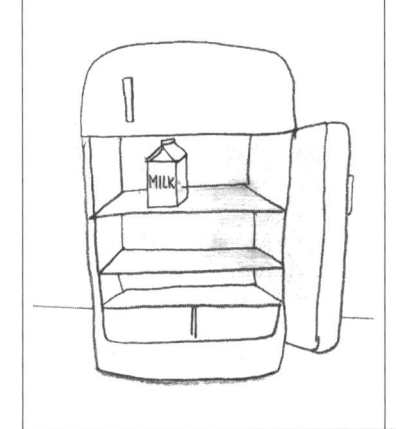

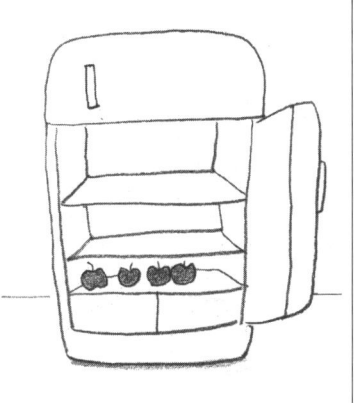

●絵1と絵2を比べて見てください。猫が実際に冷蔵庫の上に乗っている場合でも、猫の写真が冷蔵庫の表に張ってある場合でも、両方とも冷蔵庫に接触しているわけですから **on** the refrigerator となります。

絵3 ミルクは冷蔵庫の外に出されているので **out of** the refrigerator となります。

絵4 パイナップルは冷蔵庫の中にあるので **in** the refrigerator となります。

絵5 ミルクは冷蔵庫の中(**in**)にありますが、ここでは棚にあるかどうかを問題にしているので **on** を使います。

絵6 りんごは一番下の棚にあり、他の棚の下になっているわけですが、りんごの乗っている棚だけを問題にしているので接触を表す **on** を使います。

64 どのようにして

1. by

2. by

3. on

4. on/by

5. by/with

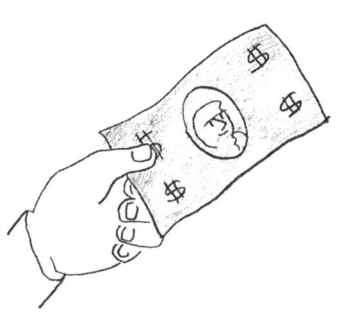

6. with

●絵1、2、3、5のように、何かを介在して（途中に何か物を利用して、手段として）結果を得る場合には **by** を使います。 **by** elephant, **by** taxi, **by/with** card.

絵3 ローラースケートの場合は **on** roller skates となります。

絵4 ここでは **on** と **by** の両方が使えます。

●**絵4**の場合は、何も介在していないので **on** のはずなのですが、近頃では歩くことも手段のひとつと見て **by** を使う人が年々増加しています。国語評議会のないアメリカでは文法が間違っていない限り国民の使う英語が正式な英語となるので、現在では **on** foot も **by** foot も正しいといえます。

絵5 ここでは **by** と **with** の両方が使えます。

●この場合はカードが介在しているので **by** のはずなのですが、カードは現金と同じように使い、現在では手段とみなさずにお金の変形と見て **with** も使います。

絵6 現金で払う場合は手段ではなく、道具なので **with** を使い、pay **with** cash となります。

65　何で

1. by

2. on

3. by

4. by

5. with

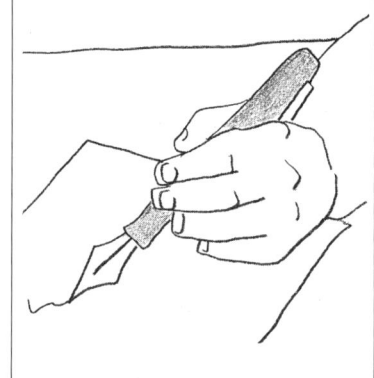

6. in

●絵1 バスは介在の手段なので **by** the bus となります。

絵2 電話の場合は電話線を使用中という意味で **on** the phone となります。

☞66「"on"したものは"off"する」の**絵5**を参照してください。

絵3 手紙で、という場合は**絵1**と同じく介在の手段を表すので **by** mail となります。

絵4 **with** hand という言い方はしません。「機械で(**by** machine)」と同様に「手で(**by** hand)」とするわけです。

絵5 ペンを道具として使っているので **with** pen となります。

絵6 「インクで」という場合には **in** ink となります。ペンと違って、インクは道具ではないので in を使う訳ですが、with を使っても間違いではありません。国語評議会のないアメリカでは、国民の使う英語は全て正しいのです。ただ、in ink の方が圧倒的に多く使われています。

66 "on"したものは"off"する

1. on

2. off

3. on

4. off

5. on　　6. off

●**絵1** **on** の基本的な意味は「接触」ですので、そこから「身につける」という意味が生まれてきます。「帽子を身につける」→「帽子をかぶる」 put **on** the hat となります。

絵2 **off** の基本的な意味は「離れる」ですから、そこから「帽子を身から離す」→「帽子を脱ぐ」 take **off** the hat となります。

絵3 **on** 「接触」→「じゅうたんに接触」→「じゅうたんにこぼす」 spill **on** the rug となります。

絵4 **off** 「離れる」→「じゅうたんから離れる」→「じゅうたんをふく」 wipe **off** the rug となります。

絵5 **on** には「使用状態」という意味があります。「テレビを使用状態にする」→「テレビをつける」 turn **on** the TV となります。☞16「電話について」の**絵3**を参照してください。

絵6 **off** には「中止する」という意味があります。「テレビが使用状態であるのを中止する」→「テレビを消す」 turn **off** the TV となります。

STEP 2

よく使われる前置詞の意味

67 ABOUT

1. about (my weight)	2. about (my height)
3. about (horses)	4. about (her)

5. about to (rain)　6. about to (eat)

● **about** は、「周囲」というのが基本の意味であり、そこから「近く、前後、およそ、周り、するところ、〜について」等の意味が生まれてきます。

● **about** と **around** の違い：74の **around** と、38の「時間」を参照。

【同意語】 near, around, surrounding, approximately, concerning, be going to,

絵1 自分の体重の周囲→「およそ」
絵2 自分の身長の周囲→「およそ」
絵3 物事について周りのこと全て→「馬についての詳しいこと」
絵4 物事について周りのこと全て→「彼女ついての詳しいこと」
絵5 と**絵6** の **about** は行為を行う前後という意味であり、**to** は行為の方向を示します。このように、**about** に **to** をつけた場合は「行為の行われる寸前」→「まさに〜しようとしている」という意味になります。

68 ABOVE

1. above (the others)

2. above (the table)

3. above (me)

4. above (the sentence)

5. above (the building)　6. above ($100)

● **above** は、「高低関係から見た上の方」というのが基本の意味であり、そこから「上方に、天に、頭上に、以上に、より勝って」等の意味が生まれてきます。

● **over と above の違い**： **over** は実際に上方にあるものを示すのに比べ、**above** は実際に物が上になくても上方に見えてさえいれば使えます。

● **above と up の違い**：102の **up** を参照。

【同意語】 beyond, over, higher
【反意語】 below, low, beneath

絵1 一人だけ他の人と比べて頭が上方に出ているので→「他人より背が高い」
絵2 テーブルよりも離れて高い位置→「テーブルの上方」
絵3 部下と比べて上位にいる人→「上司」
絵4 センテンスよりも離れて上の方→「センテンスの上」
絵5 ビルよりも離れて上の方→「ビルの上方」
絵6 値段が $100を越えている→「以上」

69 ACROSS

1. across (the border)

2. across (the continent)

3. across (the street)

4. across (the river)

5. across (the street)

6. (lines cut) across (each other)

● across は、「向こう側に横切って」というのが基本の意味であり、そこから「越えて、交差して、向い側、渡る」等の意味が生まれてきます。

【同意語】 cross, over, opposite, infront of

● through と across の違い：through が三次元を通るのに比べて、across は平面上を端から端まで渡る時に使います。

● across と cross の違い：across は前置詞として使われ、cross は動詞として使われます。

絵1 国境を横切って向こう側に渡る→「国境をわたる」
絵2 大陸を一方の端から反対側の端に横切る→「大陸を横断する」
絵3 ボールが通りを横切って向こう側に渡る→「通りを横切る」
絵4 橋が川の端から端までを横切っている→「川にかかって」
＊ここでは、同じ意味で **over** を使うこともできます。**over** の意味は「上方に渡って」ですから、「川の上方に渡すように存在する」→「川の上にかかって」となります。
絵5 家が通りを横切った向こう側にある→「向かいに」
絵6 線同士が横切り合って向こう側に抜ける→「交差して」

70 AFTER

1. after (dinner)

2. after (drinking)

3. after (the bath)

4. "After (you)**"**

5. after (my name)   6. after (him)

● **after** は、「時間や順序の後で」というのが基本の意味であり、そこから「次に、のちに、おって、求めて、のゆえに」等の意味が生まれてきます。

● **later と after の違い**： later と同じような意味なので混同しそうですが、 later は前置詞ではありません。前置詞の **after** は比べる時間がありその範囲外での後と言う意味に対して、 later は比べる時間の範囲内での後という意味です。

● **after と behind の違い**：77の **behind** を参照。

【同意語】 following, past, back of, behind, next, later

絵 1 食事していた時間という範囲の後→「食事の後」
絵 2 アルコール類を飲んでいた時間の後→「飲んだ後」
絵 3 風呂に入っていた時間の後→「ふろの後」
絵 4 順序であなたの後→「お先にどうぞ」
絵 5 順序で自分の名前の後→「自分の後ろ」
絵 6 人の後ろを追う→「追跡」

71 AGAINST

1. against (the dresser)

2. against (him)

3. against (a wall)

4. against (the wind)

5. against (the chair)   6. against (the window)

● **against** は、「何かに逆らって力を加える」というのが基本の意味であり、そこから「向かって、ぶつかって、反対して、逆らって」等の意味が生まれてきます。

● <u>**on** と **against** の違い</u>：**on** は接触のみで力の関係がないのに比べて、**against** は圧力や重力が伴います。

☞18「意識してボールを投げる」を参照してください。

● <u>**against** と **opposite** の違い</u>：92の opposite を参照。

【同意語】 toward, facing, opposite to, on, in contact with
【反意語】 for

絵1 バットが引き出しに逆らって立ててある→「立てかけて」
絵2 心理的な力で彼に逆らう→「彼に逆らって」
絵3 壁に逆らってもたれている→「もたれて」
絵4 風邪に逆らって歩く→「向かって行く」
絵5 いすに逆らって力を加える→「いすに擦って」
絵6 窓に逆らって力を加える→「窓にぶつかって」

72 ALONG

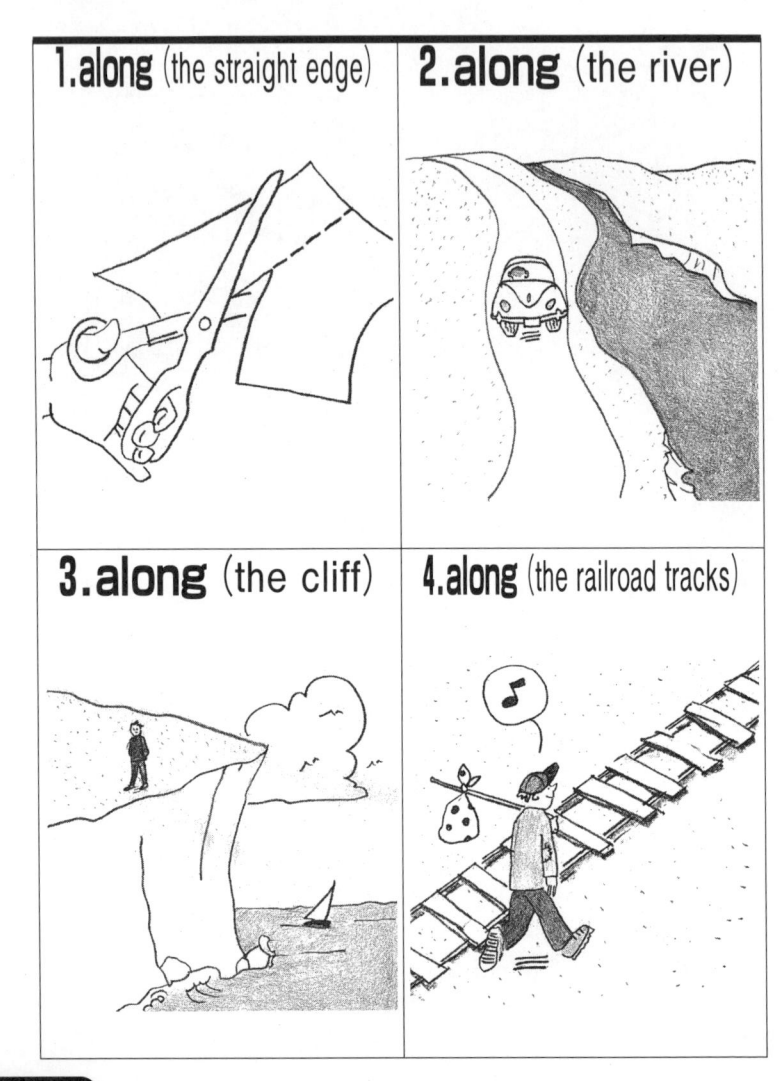

1. along (the straight edge)

2. along (the river)

3. along (the cliff)

4. along (the railroad tracks)

5. (sing) along　6. along (the street)

● along は、「長いものに沿ってずっと」というのが基本の意味であり、そこから「づたいに、ずっと先まで、前方へ、一緒に」等の意味が生まれてきます。

● **by と along の違い**： by は動きのないものに、 along は動作が伴ったものに使用します。

along は、 by （そば）の連続と考えればよいでしょう。

【同意語】 near, by, at, ahead, forward,

絵1「直線に沿って」
絵2 川にずっと沿って→「川づたいに」
絵3 がけにずっと添って→「がけづたいに」
絵4 線路に沿ってずっと→「線路づたいに」
絵5 他人の歌に添って→「他人と一緒に歌う」
絵6「通りに添ってずっと」

73 AMONG

1. among (the noodles)

2. among (the papers)

3. (divide the candy) **among** (them)

4. among (the best)

5. among (the crowd)   6. among (the trees)

● **among** は、「多数の間」というのが基本の意味であり、そこから「の間に、囲まれて、の中に、の人達に」等の意味が生まれてきます。

● <u>between と among の違い</u>：**between** が二つの物の間に挟まれている時に使うのに比べて、**among** は三つ以上の物に囲まれている場合に使います。

【同意語】 between, middle of, with, surrounded by
【反意語】 beyond, away from, outside of
絵 1 多くの麺の間に→「麺の中に」
絵 2 多くの書類の間に→「書類に囲まれて」
絵 3 三人の間で分ける→「三人で分ける」
絵 4 よりすぐれた物の間で→「トップランクに」
絵 5 たくさんの人の間で→「人だかりの中に」
絵 6 多くの木の間に→「林の中に」

74 AROUND

1. around (the table)

2. around (the mouth)

3. around (her)

4. (arms) **around** (the pillow)

5. (run) **around** (the block) 6. (dance) **around** (the room)

● **around** は、「四方八方に」というのが基本の意味であり、そこから「周りに、あちらこちらに、あたりに、囲んで、回って、およそ」等の意味が生まれてきます。

● <u>**about** と **around** の違い</u>：**about** が静止している状態を示すのに比べて、**around** は動作を表します。

【同意語】 round, about, almost, close to,
【反意語】 distant,

絵1 テーブルの四方八方に→「テーブルの周りに」
絵2 口の四方八方に→「口の周りに」
絵3 彼女の四方八方に→「彼女の周りに」
絵4 枕の回りに腕がある→「枕を抱える」
絵5 「一区画内の周りを走る」
＊この場合は、一区画の内外は問いません。
絵6 部屋の中で四方八方に踊る→「部屋の中をあちこち踊る」

75 AT

1. (shout) at

2. (point) at

3. at (the bus stop)

4. at (the front desk)

VACANCIES

5. at (the movies) # 6. at (the door)

● **at** は、時間や空間の中の「一点に対して目的を持って接近する」というのが基本の意味であり、そこから「に、で、の時に、目がけて、ねらって」等の意味が生まれてきます。

● **in と at の違い**：in が広範囲を示すのに比べて、**at** は一点を示します。

● **at と to の違い**：98の **to** を参照。

【同意語】engaged in, by, beside, in,

絵1 どなる目的で対象となる一点にどなりを当てる→「〜にどなる」

絵2 指さす対象があり、その一点に目的を持って指さす→「〜を指さす」

絵3 停留所という場所の一点に目的があっている→「停留所で」

絵4 フロントデスクという一点の場所に目的を持って行く→「フロントデスクで」

絵5 映画館のという場所の一点に目的を持っている→「映画館で」

絵6 ドアのそばの一点に目的を持って立っている→「ドアの向こう側に」または「玄関の外に」

76 AWAY FROM

1. away from (the cliff)

2. away from (my reach)

3. away from (the ship)

4. (keep them) **away from** (each other)

5. away from (the phone booth)   6. away from (the fire)

● **away from** は、「〜から遠くに離れて」というのが基本の意味であり、そこから「あちらへ、離れて、遠くへ」等の意味が生まれてきます。

● **out of** と **away from** の違い：**out of** が離れている状態を示すのに比べて、**away from** は遠くにはなれていく動作を表します。

【同意語】 far off, distant
【反意語】 here, at hand

絵1「がけから離れる」
絵2 手の届く範囲から離れている→「手が届かないところ」
絵3「船から遠く離れる」
絵4 お互いを遠くに離す→「お互いを近づけない」
絵5 公衆電話から離れていく→「公衆電話から立ち去る」
絵6 火から遠くに離れる→「火に近づかない」

77 BEHIND

1. behind (the bookcase)

2. behind (bars)

3. (2 points) **behind**

4. behind (her)

5. behind (her) / 5. behind (the ear)

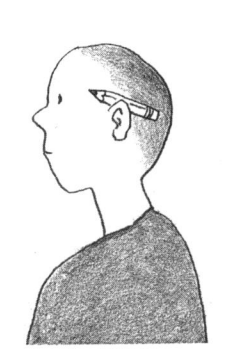

● **behind** は、「ものの背後」というのが基本の意味であり、そこから「後ろに、あとに、影に、遅れて、劣って、後ろに控えて」等の意味が生まれてきます。

● **after と behind の違い**：after が「時間や順序の後で」という意味であるのに比べて、behind は「物の背後」という意味が基本となります。

【同意語】 in back of, after, fast, ahead
【反意語】 in front of, later than, inferior to

絵 1 本棚の背後→「本棚の後ろ側」
絵 2 囲いの後ろ側→「牢屋の中」
絵 3 2点相手チームの後ろに位置する→「2点負けている」
絵 4 彼女と同じ意見であり後に続く→「彼女を後援する」
絵 5 彼女の後ろに位置するところに立つ→「彼女の後ろ」
絵 6 耳のかげに隠れた後ろ側→「耳にかける」

78 BELOW

1. below (my feet)

2. below (freezing)

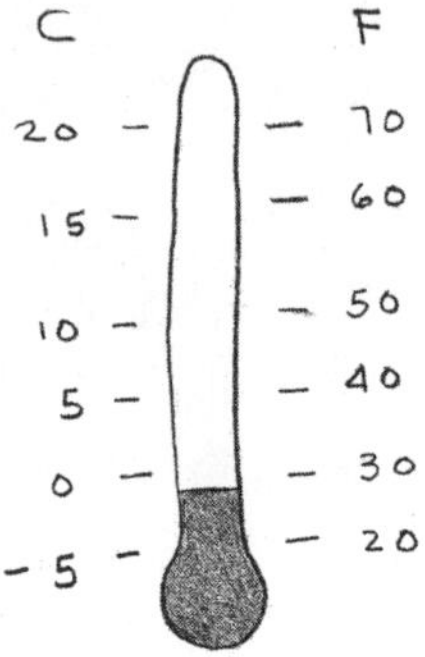

3. (the apartment) **below**

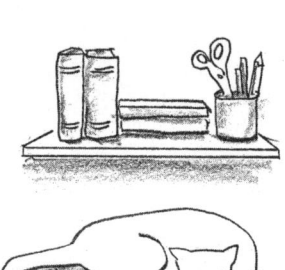

4. below (the shelf)

5. below (the age of 10)   6. below (the knee)

● **below** は、「高低関係から見た下の方」というのが基本の意味であり、そこから「下に、下流に、に達せず、より下位に」等の意味が生まれてきます。

● **under と below の違い**：**under** が静止している状態を示すのに比べて、**below** は上下する可能性のあるものに使われます。また、**under** は、**below** や **beneath, underneath** よりもずっと幅広い意味があります。

【同意語】 beneath, underneath, under
【反意語】 above

絵1 足の位置と比べて下の方→「地下」
絵2 零度と比べて下の位置→「零下」
絵3 上の階と比べて下の位置→「階下」
絵4 棚の位置と比べて猫は下にいるので→「棚の下」
絵5 十歳を境として下の歳→「十才以下」
絵6 ひざを境としてスカートのすそが下にあるので→「ひざ下」

79 BESIDE

1. beside (the desk)

2. beside (her)

3. beside (the driver)

4. beside (the map)

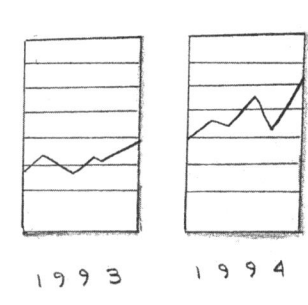

5. beside (last year)　6. beside (the bed)

● **beside** は、「横に並んで」というのが基本の意味であり、そこから「のそばに、と比べて、をはずれて、の他に」等の意味が生まれてきます。

● **by** と **beside** の違い：**by** は横でなくても「そば」ならどこでもよく、横に並ぶという意味がないのに比べ、**beside** は横に並んで立つ側という意味があります。

【同意語】by, apart form, at,

絵1 くずかごは机の横に並んである→「机のそばに」
絵2 彼女の横に並んで歩く→「彼女のそばに」
絵3 運転手の横に並んで座る→「運転手の隣に」
絵4 地図の横に並べてはる→「地図の横に」
絵5 昨年と並べて比べてみる→「昨年と比べて」
絵6 ベッドの横に並べておく→「ベッドのそばに」

80 BETWEEN

1. between (apples and oranges)

2. between (your toes)

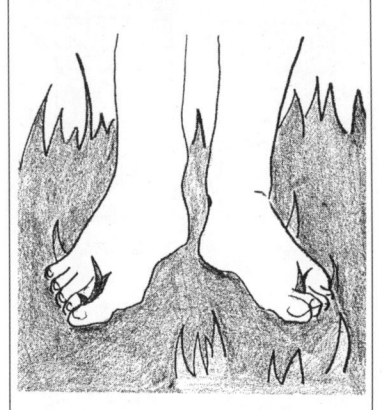

3. between (the pillows)

4. between (you and me)

5. (divide it) between (us)　6. between (2 and 3)

● between は、「二つの間」というのが基本の意味であり、そこから「の間に、の中間で、秘密、分配」等の意味が生まれてきます。
● **in と between の違い**：in がものに四方を透き間なく囲まれている時に使うのに比べ、between は二方で囲まれている物に使います。
☞39「線」を参照してください。
● **between と among の違い**：73の among を参照。
【同意語】 amoung, midway, halfway, secretly, inside
【反意語】 outside
絵1「りんごとオレンジの間」
絵2「足の指の間」
絵3「クッションの間」
絵4 あなたと私だけの間→「秘密」
絵5 二人の間で分ける→「山分け」
絵6 2時と3時の間→「2時から3時まで」

81 BY

1. by (the book case)

2. by (her)

3. by (camel)

4. by (the door)

5. by (the window)   6. by (lightning)

● by は、「近くの位置に」と「行為の動作主を表す」の二つが基本の意味であり、そこから「そばに、近くに、のうちに、までに、によって」等の意味が生まれてきます。
● **until と by の違い**：until がある時までの継続を表すのに比べて、by はある時までの一点を表す時に使います。
● **by と along の違い**：72 の along を参照。
● **by と beside の違い**：79 の beside を参照。
● **by と with の違い**：103 の with を参照。
【同意語】 beside, before, toward, on, near, next to, past, with
【反意語】 far
絵1 本棚の近くの位置に→「本棚のそばに」
絵2 彼女の近くの位置に→「彼女の隣に」
絵3 行為の動作主であるらくだによって運ばれる→「らくだで」
絵4 ドアの近くの位置に→「ドアのそばに」
＊ at the door や through the door と混同しないこと。
☞75「at」と、43「ドア(1)」を参照してください。
絵5 窓の近くの位置に→「窓のそばに」
絵6 行為の動作主の稲光によって→「稲光で」

82 DOWN

1. down (the hall)

2. (drop it) **down**

3. (tone) **down**

4. (go) **down**

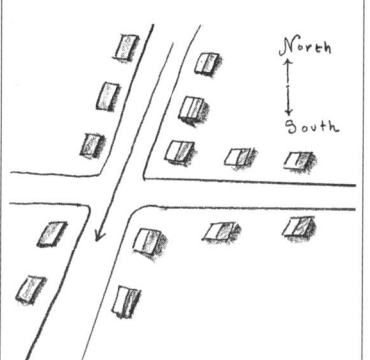

5. (go) down　6. (write) down

● **down** は、「上から下へ」というのが基本の意味であり、そこから「下方に、降りて、落ちて、倒れて、南へ、下げて、書いて」等の意味が生まれてきます。

● **under と down の違い**： under が何かと比較した時に下にある状態を示すのに比べ、down は比較するものを持たず、下がる動作のみを表します。

【同意語】 south, along
【反意語】 up, north, upward, rising

絵1 下へもうこれ以上行けない所という意味を、廊下という水平面で応用して→「廊下のつき当たり」
絵2 「下へ落とす」
絵3 「音を下げる」
絵4 「下って行く」
絵5 地図の下方は南なので→「南へ行く」
絵6 机の上で紙に書くことを想像して、目の位置よりも下に書く→「書き留める」

83 DURING

1. **during** (the conversation)
2. **during** (the dance)
3. **during** (the movie)
4. **during** (the speech)

5. during (the night)　6. during (the TV program)

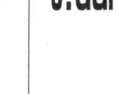

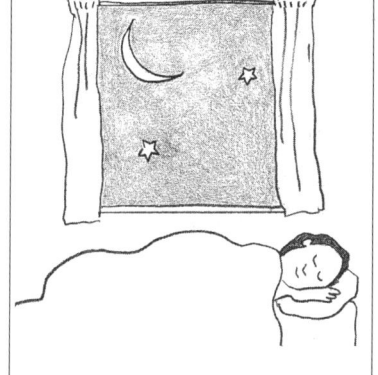

- during は、「ある一定の時間の間」というのが基本の意味であり、そこから「の間中、ずっと、の間に、うちに」等の意味が生まれてきます。
- **for と during の違い**: for が何か行われる時間の範囲を表すのに比べ、during はある一定の時間内に何かが行われる短い時を表します。
- **during と through の違い**: 97の through を参照。

【同意語】 the time between, when, meanwhile,

絵1 話をしている時間の間→「話しの間中」
絵2 ダンスをしている時間の間に→「ダンス中に」
絵3 映画の上映されている時間の間→「映画の間中」
絵4 演説のされている時間の間→「演説の間中」
絵5 夜の時間の間→「夜に」
絵6 テレビ番組を見ている時間の間→「テレビを見ている間」

84 FOR

1. (leaving) **for** (Tokyo)

2. (three) **for** (a dollar)

3. (soap) **for** (the dishes)

4. for (breakfast)

5. (dance) **for** (an audience) **6. for** (a swim)

● **for** は、「ある目的に対して」というのが基本の意味であり、そこから「に向けて、に対して、の方向に、のために」等の意味が生まれてきます。
● **to と for の違い**：to が到達地点を基準として到達することを目的とするのに比べて、for は出発地点を基準として目的のどこかに向かうという意味のみで、到達するという意味は含まれません。
● **for と during の違い**：83 の **during** を参照。
【同意語】during, toward, to
【反意語】against

絵 1 東京という目的の場所に対してここを離れる→「東京に行く」
☞東京に向けてここの場所を離れてはいますが、目的の場所に着くかどうかは **for** を使っただけのセンテンスでは分かりません。
絵 2 一ドルで売るという目的に対して三個の物がある→「三個一ドルで」
絵 3 皿を洗う目的に対して洗剤がある→「台所用の洗剤」
絵 4 朝食という目的に対して→「朝食には」
絵 5 観衆に見せることを目的としてダンスする→「観衆の前でダンスする」
絵 6 泳ぐことを目的として→「泳ぎに」

85 FROM

1. (mail) **from** (the mailcarrier)

2. (eat) **from** (bowls)

3. (the cover) **from** (the pot)

4. (remove) **from** (the oven)

5. (a letter) from (England)

6. (come) from (outside)

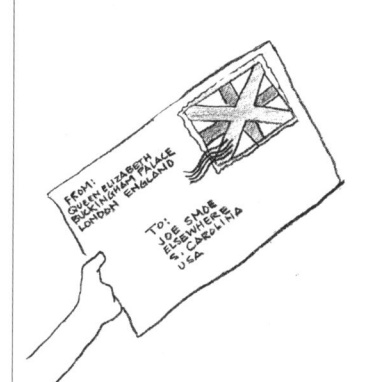

● **from** は、「ある所から離れる」というのが基本の意味であり、そこから「から、原料として」等の意味が生まれてきます。
● **out of** と **from** の違い：**out of** はものがある範囲から離れることを意味するのに比べて、**from** はある地点から離れるのであり、その範囲は定まっていません。
【同意語】 out of, outside of, coming
【反意語】 to
絵 **1** 郵便配達人から郵便物が離れる→「郵便が配達される」
絵 **2** 椀から離して食べる→「椀で食べる」
絵 **3** 「鍋から蓋が離れる」
絵 **4** オーブンからものを離す→「オーブンから取り出す」
絵 **5** 英国から離れた手紙→「英国からの手紙」
絵 **6** 外から離れた場所に来る→「外から入って来る」

86 IN

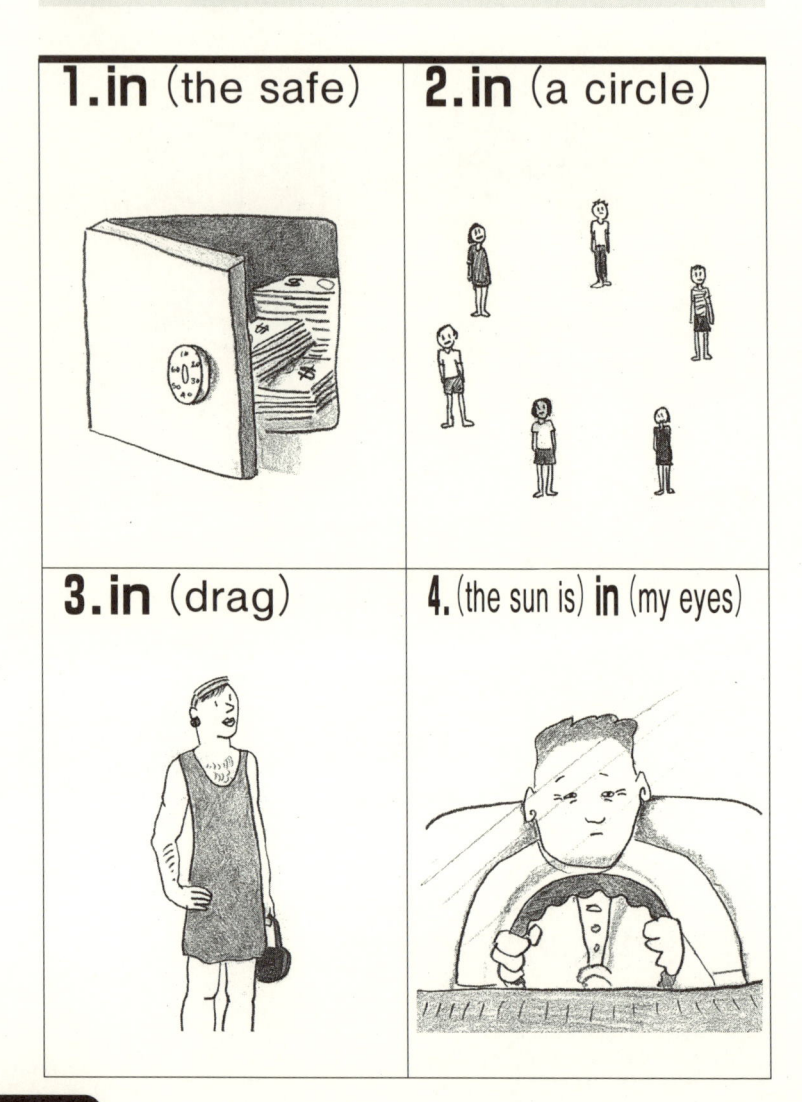

1. in (the safe)

2. in (a circle)

3. in (drag)

4. (the sun is) **in** (my eyes)

5. (write) in (English)   6. (call me) in (ten minutes)

● **in** は、「ある範囲の中に」というのが基本の意味であり、そこから「の中に、を着て、の終わりに、たてば、で、をもって、になって、乗る」等の意味が生まれてきます。
● **within と in の違い**：**within** は範囲の内側のみを示すのに比べて、**in** はその範囲となっている境界線も含みます。
● **in と at の違い**：75 の **at** を参照。
● **in と between の違い**：80 の **between** を参照。
● **in と inside の違い**：87 の **inside** を参照。
● **in と into の違い**：88 の **into** を参照。
【同意語】 inside of, inside, within, into, with
【反意語】 out
絵1 金庫という範囲の中に→「金庫の中に」
絵2 人で円を作った範囲の中に→「円になって」
☞39「線」の**絵5**を参照してください。
絵3 女性の服という範囲の中に→「女装して」
絵4 目という範囲の中に太陽光線が入る→「目に太陽が入る」
絵5 英語という範囲内で→「英語で」
絵6 十分間がたってから電話して→「十分したら電話して」
＊ within ten minutes とすると、十分以内ならいつでも電話してよいことになります。

87 INSIDE

1. inside (the box)

2. inside (my pocket)

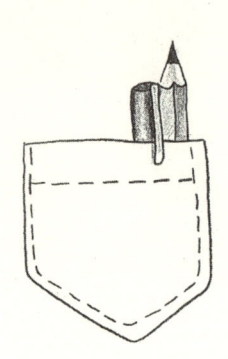

3. inside (the glove)

4. inside (the lines)

5. inside (my mouth)　6. inside (the drawer)

● **inside** は、「ある範囲の内側」というのが基本の意味であり、そこから「内部に、中に、内側に、以内に」等の意味が生まれてきます。

● **in と inside の違い**： in が漠然と内側を表すのに比べて、 inside は何かを隔てて outside が存在する時のみに使います。

【同意語】 within, in, indoors, under
【反意語】 outside, after, beyond

絵1 箱という範囲の内側→「箱に」
絵2 ポケットという範囲の内側→「ポケットに」
絵3 手袋という範囲の内側→「手袋に」
絵4 線で区切られた範囲の内側→「線の間に」
絵5 口という範囲の内側→「口内に」
絵6 引き出しという範囲の内側→「引き出しに」

88 INTO

1. into (a plastic bag)

2. (ice cream) **into** (a cone)

3. into (a million pieces)

4. into (a pot)

5. (a fork) **into** (a potato)　6. **into** (the phone booth)

● **into** は、「内部への運動」というのが基本の意味であり、そこから「の中へ、まで、になる」等の意味が生まれてきます。
● **in と into の違い**： **in** が内側への運動や、内部にいる状態を示すのに比べて、 **into** は内部への運動のみを表します。
【同意語】 in, inside, toward, within, through to
【反意語】 out of
絵 1 ビニール袋の内部に向かう運動→「ビニール袋に入れる」
絵 2 コーンの内部にアイスクリームを入れる運動→「アイスクリームをコーンに入れる」
絵 3 小さく砕けたものに変化する運動→「小さく砕ける」
絵 4 鍋の内部へ向かうの運動→「鍋に入れる」
絵 5 じゃがいもの内部にフォークを動かす運動→「じゃがいもにフォークを刺す」
絵 6 電話ボックスの内部に向かって行く運動→「電話ボックスへ入る」

89 NEAR

1. near (the sea)

2. near (the station)

3. near (the wall)

4. near (the top)

5.near (your house)　6.near (me)

● **near** は、「あるものの近く」というのが基本の意味であり、そこから「近くに、のそばに、もう少しで」等の意味が生まれてきます。

● **close to と near の違い**： **close to** は目的物に向かっていく動作があるのに比べ、**near** は一般に静止しているもの、または目的となる物のない時に使われます。

【同意語】 close to, at, by, beside, nearly,
【反意語】 far,

絵1 「海の近く」
絵2 「駅の近く」
絵3 「壁の近く」
絵4 「上の端の近く」
絵5 「家の近く」
絵6 「私の近く」

90 OFF

1. (wipe) **off**

2. (dust) **off**

3. (jump) **off**

4. (shake) **off**

5. (cut a slice) off　6. (take) off

● off は、「何かから離れて」というのが基本の意味であり、そこから「離れて、から、からそれて、下車、割り引いて」等の意味が生まれてきます。

● **out of と off の違い**：**out of** が内から外に出る動作を表すのに比べて、**off** は単にそこから離れることを示します。

【同意語】away from, far, not duty
【反意語】on, up, down, here, at hand, coming

絵1 テーブルから染みが離れて→「ふき取る」
絵2 ほこりが棚から離れて→「ほこりを払う」
絵3 汽車から跳び離れて→「飛び降りる」
絵4 傘から雨水が離れて→「振り落とす」
絵5 パンが一枚切り離れて→「一枚切る」
絵6 服が人から離れて→「脱ぐ」

91 ON

1. (ball) **on** (the string)

2. (trees) **on** (both sides of the street)

3. on (the table)

4. (the wheels) **on** (the car)

5. (a ring) on (my finger)　6. on (the wall)

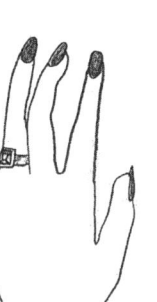

● on は、「接触」というのが基本の意味であり、そこから「表面に、上に、身につけて、乗る、接して」等の意味が生まれてきます。
● **on と against の違い**：71の against を参照。
● **on と over の違い**：95の over を参照。
【同意語】 about, above, touching, beside, near
【反意語】 off, under, underneath, below
絵1 玉が糸に接触している→「糸に付いた玉」
絵2 木が道の両端に接触して続いている→「木が道の両側に沿って」
絵3 テーブルの表面に接触している→「テーブルの上」
絵4 タイヤが車に接触している→「車にタイヤ」
絵5 指に指輪が接触している→「指に指輪」
絵6 壁に絵が接触してかかっている→「壁に」

92 OPPOSITE

1. opposite (corners)

2. opposite (moods)

3. opposite (image)

4. (the chair) **opposite** (the dresser)

5. opposite (sex)

6. (the painting) opposite (the window)

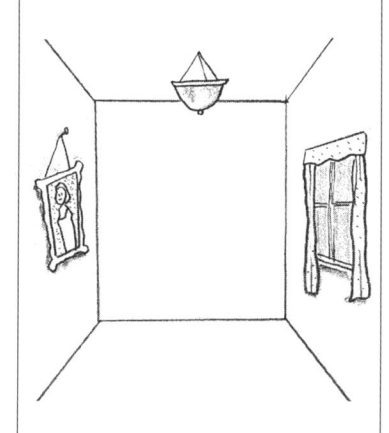

● **opposite** は、「反対」というのが基本の意味であり、そこから「反対の位置に、向い側に」等の意味が生まれてきます。

● **against と opposite の違い**： **against** が何かに対する力の存在を示すのに比べて、**opposite** には力の関係はありません。

【同意語】 reversed, facing, in front of, against
【反意語】 on the same side, side by side, matched

絵1 リングの反対側の角→「相手側」
絵2 「相手と反対の気分」
絵3 鏡に映った左右反対の姿→「対称のイメージ」
絵4 いすはドレッサーの反対側→「いすはドレッサーの向かいに」
絵5 反対の性→「異性」
絵6 絵は窓の反対側→「絵は窓の向かいに」

93 OUT OF

1. (fell) **out of** (her mouth)

2. out of (the box)

3. (take) **out of** (the oven)

4. out of (date)

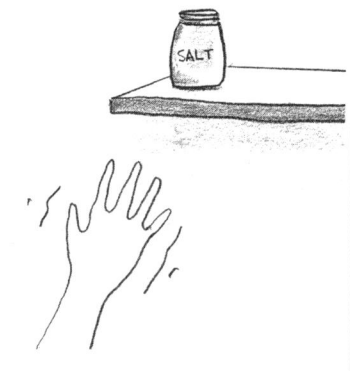

5. out of (reach) | 6. (walk) out of (the room)

● **out of** は、「あるものから離れる」というのが基本の意味であり、そこから「内側から外側に、の中から、から、ない、降りる」等の意味が生まれてきます。

● **out of** と **away from** の違い：76の **away from** を参照。
● **out of** と **from** の違い：85の **from** を参照。
● **out of** と **off** の違い：90の **off** を参照。
● **out of** と **outside** の違い：94の **outside** を参照。

【同意語】 without, from, gone, sold out, outside of
【反意語】 into, in, inside

絵1 口から歯が離れる→「歯が抜ける」
絵2 箱から離れる→「箱の外」
絵3 パイがオーブンから離れる→「オーブンから取り出す」
絵4 時代（流行）から離れる→「流行おくれ」
絵5 手の届く位置から離れたところ→「手が届かない」
絵6 部屋から歩いて離れる→「部屋から歩いて出る」

94 OUTSIDE

1. outside (the building)

2. outside (the closet)

3. (stay) **outside**

4. outside (the house)

5. (play) outside　6. (stand) outside

● outside は、範囲のあるものに対して「外側」というのが基本の意味であり、そこから「外に、以外に、以上に、外側の」等の意味が生まれてきます。

● **out of と outside の違い**： out of がある物から離れて外に行くのに比べ、 outside は外ならば離れる必要はありません。例として、ビルの屋上やベランダは outside であり、 out of ではないのです。

【同意語】 exterior, surface, face, covering
【反意語】 inside, interior, between, in

絵1「ビルの外側」
絵2「押し入れの外」
絵3「(家の) 外にいなさい」
絵4「家の外」
絵5「(家の) 外で遊ぶ」
絵6「外に立つ」

95 OVER

1. over (200 pounds)

2. over (the fence)

3. (tripping) **over**

4. over (the table)

5. (leaned) **over** (her) ## 6. **over** (the flame)

● over は、「越える」というのが基本の意味であり、そこから「表面に、おおって、に、向こう側に、方々に」等の意味が生まれてきます。

● on と over の違い：接するという意味で、on は広い面の一点に接触している場合に使うのに比べ、over は面全体に接している場合に使います。

● over と above の違い：68の above を参照。

【同意語】 above, across, more than
【反意語】 under

絵1「200ポンドを超える」
絵2「フェンスを越える」
絵3 ものに当たってその物を向こう側に越える→「つまずく」
絵4 テーブルの上空を何かが越えたとして、その越える過程にあるもの。ここでは猫のしっぽが上方にある→「テーブルの上」
絵5 彼女の上を何かが越えたとして、その越える過程に男性がいることから→「彼女にかがみ込んで」
絵6 火の上を何かが越えたとして、その越える過程にマシュマロがあることから→「火に」

96 PAST

1. past (the church)

2. past (the garden)

3. past (the boundry)

4. (half) **past** (5)

5. past (100 years old)　　**6. past** (the gas station)

● **past** は、「過ぎて」というのが基本の意味であり、そこから「越えて、向こう、範囲を超えて」等の意味が生まれてきます。

● **through** と **past** の違い： **through** はある場所を通り過ぎる過程を示すのに比べて、**past** は通り過ぎた地点を示します。

【同意語】 after, through, behind

絵1 「教会をそばを通り過ぎた向こうに」
絵2 「畑を通り過ぎた向こうに」
絵3 「境界線を通り過ぎて向こう側に」
絵4 五時を半時間過ぎて→「五時半」
絵5 百歳を過ぎて→「百歳以上」
絵6 ガソリンスタンドを通り過ぎて→「ガソリンスタンドを通り越して」

97 THROUGH

1. (sit) **through** (the commercial) 
2. (walk) **through** (the rain) 
3. (drive) **through** (a red light) 
4. (Monday) **through** (Wednesday)

5. through (the tunnel)　6. through (the window)

● **through** は、「一方の端からもう一方の端へ」というのが基本の意味であり、そこから「通って、貫いて、通り抜けて、中を、始めから終わりまで」等の意味が生まれてきます。

● **during と through の違い**： **during** がある時間内のことを示すのに比べて、 **through** はその時間の最初から最後までの全時間を示します。

● **through と across の違い**：69の **across** を参照。

● **through と past の違い**：96の **past** を参照。

【同意語】 over, ended, in, into, within, during
【反意語】 broken, interrupted, intermittent

絵1 コマーシャルの初めからコマーシャルの終わりまで座っている→「コマーシャルの間中座っている」

絵2 ある場所からある場所まで雨の中を歩く→「雨の中を歩く」

絵3 赤信号の初めから終わりまでの時間の間に渡る→「赤信号を渡る」

絵4 「月曜日から水曜日まで」

絵5 トンネルの端から端までを通る→「トンネルを抜ける」

絵6 窓の外側から内側へ通り抜ける→「窓を通る」

98 TO

1. (bow) **to**

2. (sing) **to**

3. (write) **to**

4. (wave) **to**

5. (fill the glass) **to** (the top)

6. (steer) **to** (the right)

● to は、「ある目的に向けて」というのが基本の意味であり、そこから「まで、の方へ、に向けて、のために」等の意味が生まれてきます。

● **at と to の違い**： at は目的となる一点を示すのに比べて、to は目的となる方向を示します。

● **to と for の違い**：84の for を参照。

● **to と toward の違い**：99の toward を参照。

【同意語】 toward, via, into, through, until, stopping at
【反意語】 from, away

絵1 目的の相手に向かってお辞儀する→「〜にお辞儀する」
絵2 目的の相手に向かって歌う→「〜に歌う」
絵3 目的の相手に向けて手紙を書く→「〜に手紙を書く」
絵4 目的の人々に向かって手を振る→「人々に手を振る」
絵5 ミルクをグラスの一番上の端に向けて注ぐ目的で→「ミルクをグラスいっぱいに注ぐ」
絵6 ハンドルを右に向けて回す目的がある→「ハンドルを右にきる」

99 TOWARD

1. toward (the store)

2. (walk) **toward** (me)

3. toward (the end)

4. (her back) **toward** (him)

5. (walk) **toward** (the camera)   6. **toward** (the water)

● **toward** は、運動の方向を示し「何かの方へ」というのが基本の意味であり、そこから「の方へ、に向かって、のために、に近く、に対して」等の意味が生まれてきます。

● **to** と **toward** の違い：**to** が動きの終わる地点がはっきりしているのに比べ、**toward** は動きの終わる地点に届かなくてもよく、動きの始まる地点もわからなくても構いません。

【同意語】 to, via, on the way to, close to, headed for
【反意語】 away from
絵1「店の方へ」
絵2「私の方へ歩く」
絵3 終わりの方へ→「終わりに向けて」
絵4 背中を彼の方に向けて→「背を向ける」
絵5「カメラの方へ歩く」
絵6 水の方へ→「水に向かって」

100 UNDER

1. under (the awning)

2. under (the coat)

3. (look up) **under** ("S")

4. under (age 21)

5. under (the table) 6. under (the sink)

● **under** は、「何かの下」というのが基本の意味であり、そこから「の下、の中、に達しない、より下級、未満」等の意味が生まれてきます。

● **below と under の違い**：under は below や beneath, underneath よりもずっと幅広い意味があります。

● <u>under と below の違い</u>：78の **below** を参照。

● <u>under と down の違い</u>：82の **down** を参照。

● <u>under と underneath の違い</u>：101の underneath を参照。

【同意語】 beneath, underneath, below, covered by, in, within, among, pressed down by, on the bottom of

【反意語】 over, above, on top of

絵1 「ひさしの下」
絵2 「コートの下」
絵3 "S" の項目の下に書いてある→「"S" の項を引く」
絵4 21歳の下→「21歳に達していない」
絵5 「テーブルの下」
絵6 「流し台の下」

101 UNDERNEATH

1. underneath (the box)

2. underneath (the cat)

3. underneath (the doormat)

4. underneath (the glass)

5. underneath (the pile)　6. underneath (the Futon)

● **underneath** は、「何かの影になった下」というのが基本の意味であり、そこから「下、下部、下側、底、支配下」等の意味が生まれてきます。

● <u>**under** と **underneath** の違い</u>：**underneath** には、**under** と **beneath** の意味の一部分が合わさった意味があり、「隠れたところ」「影になったところ」「ある位置よりも低いところ」「密封されたところ」「底の部分に」などの意味が含まれます。

【同意語】under, beneath, covered by, below, lower than
【反意語】above, over, on top of

絵1 箱の影になった下→「箱の下」
絵2 猫の影になった下→「猫の下」
絵3 ドアマットの影になった下→「ドアマットの下」
絵4 グラスの影になった下→「グラスの下」
絵5 物の山の影になった下→「物の山の下」
絵6 フトンの影になった下→「フトンの下」

102 UP

1. (zip) **up**

2. (add) **up**

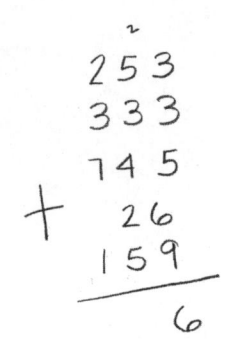

3. (stack) **up**

4. (tie) **up**

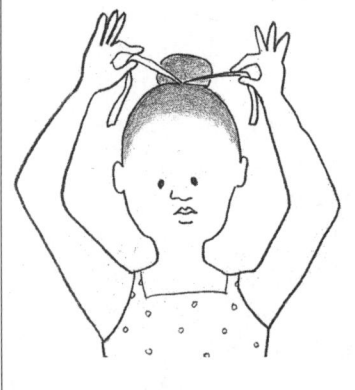

5. (fold) up　　6. (button) up

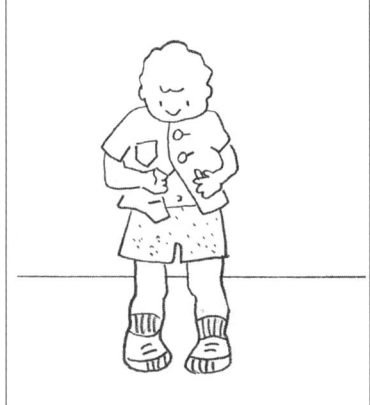

● up は、物理的に「下から上に」という意味と、動詞の意味を強めるための「きちんとする」というのが基本の意味にあり、そこからいろいろな意味が生まれてきます。

● above と up の違い： above が上方の状態を表すのに比べて、up は上方への動作を示します。

【同意語】 above, upward, uphill, skyward, higher, ended
【反意語】 down, continuing

絵1 チャックを下から上に→「チャックを閉める」
絵2 数の小さい物から大きい物に、数を増大させる→「数をたす」
絵3 下から上に積んでいく→「積み上げる」
絵4 結んできちんとする→「結ぶ」
絵5 たたんできちんとする→「たたむ」
絵6 ボタンをきちんとする→「ボタンをかける」

103 WITH

1. (wash) **with** (soap)

2. (hang it) **with** (clothes pins)

3. (open it) **with** (a key)

4. (hold it) **with** (two hands)

5. (sail) **with** (the wind) | **6. with** (a toothpick)

● **with** は、「何かを使って」というのが基本の意味であり、そこから「に反対して、と共に、一緒に、持って、用いて、で」等の意味が生まれてきます。
● **by** と **with** の違い： **by** が何かをするための手段全てを表すのに比べて、 **with** は手段となる一部の道具を示します。
【同意語】 about, by, along with, beside
【反意語】 without
絵1 石鹸を使って洗う→「石鹸で洗う」
絵2 洗濯ばさみを使ってつるす→「洗濯ばさみで干す」
絵3 鍵を使って開ける→「鍵で開ける」
絵4 二本の手を使ってつかむ→「両手でつかむ」
絵5 風を使って航行する→「帆走する」
絵6 爪楊枝を使って→「爪楊枝で」

104 WITHOUT

1. without (a microphone)

2. without (an umbrella)

3. without (a jacket)

4. without (sleep)

5. without (him)　6. without (a bookcover)

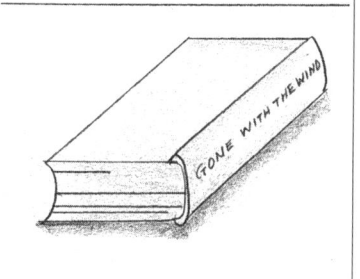

● without は、「本来なら使う物を使わずに」というのが基本の意味であり、そこから「なしで、持たずに、なくても、しないで」等の意味が生まれてきます。

● **except と without の違い**：except がある物を取り除いた残りを示すのに比べ、without はある物から取り除いたその物を示します。

【同意語】 not having, in the absence of, free from
【反意語】 with

絵1 本来なら使うマイクを使わず→「マイクなしで」
絵2 本来なら使う傘を使わず→「傘をささずに」
絵3 本来なら着るジャケットを着ず→「ジャケットなしで」
絵4 本来なら取る睡眠を取らず→「睡眠不足」
絵5 本来ならいる彼がいない→「彼なしで」
絵6 本来ならあるカバーがない→「ブックカバーなしで」

索 引

下線の引いてあるページ番号は、STEP2 に説明の載っている前置詞です。

about
    22, 51, 84, 93, 109, 113, <u>144</u>, 145

above
    16, 23, 55, 60, 72, 75, 88, 92, 114, 117, 130, 132, 133, <u>146</u>, 147

across
    53, 55, 90, 106, 110, <u>148</u>, 149

after
    76, 84, 110, 118, <u>150</u>, 151

against
    15, 44, 74, 95, 120, 124, <u>152</u>, 153

along
    64, 106, 121, <u>154</u>, 155

among
    65, 77, 98, 108, 114, <u>156</u>, 157

around
    53, 58, 71, 79, 81, 96, 100, 104, 108, 113, 119, 132, <u>158</u>, 159

as
    22

at the bottom of
    69

at
    14, 20, 38, 45, 49, 54, 56, 57, 61, 66, 78, 94, 102, 103, 106, 123, 128, <u>160</u>, 161

away from
   52, 63, 64, 80, 89, 92, 130, <u>162</u>, 163
behind
   15, 18, 19, 27, 58, 67, 74, 118, <u>164</u>, 165
below
   23, 50, 88, 110, 116, <u>166</u>, 167
beside
   68, 94, 98, 108, 120, <u>168</u>, 169
between
   27, 48, 65, 74, 77, 86, 98, 99, 113, <u>170</u>, 171
by
   36, 59, 98, 128, 136, 137, 138, <u>172</u>, 173
down
   68, 83, 107, <u>174</u>, 175
during
   76, <u>176</u>, 177
for
   20, 41, 44, 102, 112, <u>178</u>, 179
from
   64, 75, <u>180</u>, 181
in back of
   18, 35
in front of
   18, 34
in the front of
   18, 34, 97
in the middle of
   69

in the back of
    35
in
    10, 11, 13, 14, 21, 24, 25, 26, 28, 29, 30, 32, 36, 38, 39, 42, 43, 46, 52, 56, 57, 60, 62, 66, 77, 78, 81, 87, 88, 90, 91, 92, 96, 100, 101, 103, 122, 126, 127, 128, 134, 139, <u>182</u>, 183
inside
    26, 62, 70, 86, 109, 110, 119, <u>184</u>, 185
into
    51, 70, 80, 89, 104, 131, <u>186</u>, 187
near
    58, 67, 68, 82, 108, 118, 129, <u>188</u>, 189
next to
    94
of
    19
off
    30, 31, 32, 33, 73, 124, 125, 140, 141, <u>190</u>, 191
on the back of
    34
on the front of
    34, 97
on
    10, 11, 12, 13, 14, 16, 21, 24, 25, 26, 28, 29, 30, 31, 32, 33, 37, 38, 39, 40, 42, 43, 44, 46, 47, 49, 54, 60, 66, 86, 96, 111, 112, 114, 116, 119, 121, 122, 123, 125, 126, 127, 130, 132, 134, 135, 136, 138, 140, 141, <u>192</u>, 193
opposite

22, 99, _194_, 195

out of

30, 32, 52, 63, 70, 80, 87, 101, 104, 124, 134, _196_, 197

outside

62, 70, 86, 198, 199

over

16, 28, 50, 60, 71, 112, 117, 120, 122, 133, _200_, 201

past

74, 79, 85, 94, _202_, 203

through

14, 58, 88, 90, 95, 105, 114, 120, 128, _204_, 205

to

20, 41, 45, 76, 84, 91, 100, 131, _206_, 207

toward

52, 61, 64, 80, 82, 93, 105, 106, 115, 130, _208_, 209

under

16, 17, 26, 28, 48, 50, 54, 72, 92, 96, 111, 112, 116, 122, 129, _210_, 211

underneath

17, 48, 50, 59, 72, 124, _212_, 213

up

40, 68, 83, 107, _214_, 215

with

76, 102, 137, 139, _216_, 217

without

22, 73, 115, _218_, 219

■著者略歴
エインジェル・久保
(Angel Kubo)

1987年よりサンフランシスコに在住。トランスレイター、画家。エインジェルは著者のアメリカ名。著書に、『CD BOOK すこし話せると10倍楽しい超ミニ英会話』(明日香出版社)、『CD Book つぶやき英会話』(ベレ出版)など。現在までに「久保清子」の名前で『口ならし式英会話』『ミニフレーズ1400で日常英会話ペラペラ』『超ミニ旅行英会話』(いずれも、明日香出版社)、『イングリッシュ・ワーズ』(池田書店)など十数冊の語学書を既刊。著者の作品は数ヵ国語に翻訳されており、海外でも多くの読者を得ている。

---ご意見をお聞かせください---
ご愛読いただきありがとうございました。本書の読後感想・御意見等を愛読書カードにてお寄せください。また、読んでみたいテーマがございましたら積極的にお知らせください。今後の出版に反映させていただきます。
☎ (03) 5395-7651
FAX (03) 5395-7654
mail : asukaweb@asuka-g.co.jp

［新装版］絵でわかる前置詞の使い方

2007年 7月 31日　初版発行
2012年 1月 11日　第17刷発行

著　者　エインジェル・久保
発行者　石野栄一

明日香出版社

〒112-0005　東京都文京区水道2-11-5
電話 (03) 5395-7650（代表）
　　 (03) 5395-7654（FAX）
郵便振替 00150-6-183481
http://www.asuka-g.co.jp

■スタッフ■ 編集 早川朋子／藤田知子／末吉喜美／古川創一／久松圭祐
営業 小林勝／浜田充弘／渡辺久夫／奥本達哉／金本智恵／平戸基之／野口優／横尾一樹／後藤和歌子 経理 藤本さやか

印刷　株式会社文昇堂
製本　株式会社新東社
ISBN 978-4-7569-1105-6 C2082

乱丁本・落丁本はお取り替えいたします。
© Angel Kubo 2007 Printed in Japan